面试，原来如此简单

全篇讲授面试通关技巧的书

Interview is so easy

单锋 张秀宝 著

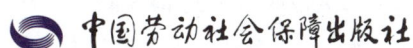
中国劳动社会保障出版社

图书在版编目(CIP)数据

面试,原来如此简单 / 单锋,张秀宝著. -- 北京:中国劳动社会保障出版社, 2025. -- ISBN 978-7-5167-6835-8

I. C913.2

中国国家版本馆 CIP 数据核字第 2025WZ3760 号

中国劳动社会保障出版社出版发行

(北京市惠新东街 1 号 邮政编码:100029)

*

北京市白帆印务有限公司印刷装订　　新华书店经销
880 毫米 ×1230 毫米　32 开本　7.375 印张　154 千字
2025 年 2 月第 1 版　2025 年 3 月第 2 次印刷
定价:42.00 元

营销中心电话:400-606-6496
出版社网址:https://www.class.com.cn

版权专有　　侵权必究

如有印装差错,请与本社联系调换:(010)81211666
我社将与版权执法机关配合,大力打击盗印、销售和使用盗版图书活动,敬请广大读者协助举报,经查实将给予举报者奖励。
举报电话:(010)64954652

内容简介

本书聚焦求职过程中的面试环节，整理了校园招聘中常见的四大类问题，分别是：自画像类、绩效预测类、求职动机类和压力面试类。此书的价值体现在以下两方面：一方面，本书详细阐述了常见面试问题背后的考点，让读者明白面试官为什么问这个问题，他们想考查什么；另一方面，通过列举面试案例，让读者学会如何抓住问题要点，并有针对性地回答面试官的问题，从而提高求职成功率。本书有两个特色：第一，书中内容凝聚了作者近十年在面试培训方面的实战经验，干货满满；第二，这是一本训练并提高逻辑思维和表达能力的工具书，有助于提升求职者在面试中的应变和沟通能力。

本书适合以下三类读者：第一，寻找实习工作机会或毕业求职的学生；第二，在各大院校负责学生职业规划和就业指导的教育工作者；第三，已经参加工作，有跳槽的打算但是缺乏面试经验的职场人士。

推荐序

据作者单锋说，我是这本书的第一个读者。书稿刚完成，他第一时间发给我，并问我看完之后的印象。我的回答是，美。

本书有一种极简美，从头到尾没有一句废话，所有的内容，都在指导应聘者如何通过面试。看完这本书，我脑海里浮现的形象，是在大海中遨游的海豚和在天空上飞翔的雨燕，它们都是紧凑顺滑的流线型，全身上下，看不到一处冗余。海豚和雨燕的流线型，来自千年万年的环境压力。而这本书作为知识作品，它的流线型来自作者对读者的尊重，以及作者的自我克制。

我很了解单锋，他是面试专家，以他的能力和经历，完全可以在面试领域写一本洋洋洒洒的大部头。但他没有那么做，而是力求用最短的篇幅，让读者获得最大的收益。单锋的自我克制，在能生产内容的知识分子当中，并不常

见。我问单锋，他用这种风格写作，是不是在向海明威致敬。他说倒也不是，他只是在向读者的时间致敬。

单锋说，他希望工具有工具的样子，这本书是工具书，它就应该像筷子、勺子一样，干净朴实、简单高效。

听完单锋的解释，这篇推荐序，我也不敢写得太长，力求和全书的风格同步。我推荐这本书有三个理由，一是观念正确，二是心智成长，三是合作共赢。

每本书的底层，都有看不见的观念。这本书的底层观念，是职业人士的独立人格和现代社会的公平导向，以及现代企业的效率导向。看这本书，不会沾上厚黑学中的油滑，更不会染上宫斗剧中的狡诈，它带给读者的，是干净朴实、简单高效的真知灼见。看这本书，读者能收获的，不仅仅是面试技巧，还有人格的成熟和心智的成长。这本书不仅能指导求职者，也能指导企业的面试官，因为招聘和求职，不是你死我活的零和博弈，而是合作共赢的双向奔赴。相信读者看完这本书，也能体会它在观念上的正、在形式上的美和在实效上的用。

刘向明

《超级面试官》作者

国际猎头协会　专家会员

前言

为何写这本书

如果说面试官提出的问题必有考点,那么求职者的回答需不需要有技巧?看似简单的问题,比如"请做一下自我介绍",这背后就有多个考点。所以,在求职者回答问题的时候,面试官不是看谁的回答更多,而是看谁的回答质量更高!

本书有两位作者,我是其中一位,最近10年一直为企业提供招聘面试方面的培训,另一位是常年担任校园招聘面试官和辅导大学生求职的专家张秀宝。我和张秀宝是相识14年的老朋友,也是事业上的合作伙伴。早在2014年,我们就为中央财经大学的学生提供过无领导小组讨论和结构化面试技巧的辅导,而且持续了5年的时间。因为所擅长的领域不同,我的工作重心聚焦于讲授《金牌面试官》课程,培训了300多家企业和数万名面试官;张秀宝的工作重心是担任企业春季、秋季校园招聘的主面试官,以及辅导大学生提升求职面试的技能,目前已有28所高校聘请张秀宝讲授求职类课程。

这本书的诞生源于一次对话。2023年11月,张秀宝给我打电话,其间聊到一件让他哭笑不得的事情。当时张秀宝问一位求职者有没有拿到offer(工作机会),这位求职者一脸茫然,沉默了许久,后来在其他面试官的耐心解释下，求职者才听明白什么是offer。这种事情确实让人感到诧异。但是，长期参与校园招聘，不难发现求职者身上暴露出来的问题是五花八门的。在进入面试考场之前，每一位求职者都要有所准备，比如预想面试官可能会问到哪些问题，这些问题的考点是什么，以及回答问题的策略。正是因为我非常了解企业的用人需求和招聘标准，张秀宝非常了解大学生在求职中出现的问题，我们打算贡献双方之所长，把多年积累的知识和经验分享出来，以此服务于广大求职者。

写这本书的目的并不是鼓励读者死记硬背书中的答案，而是启发他们重视面试前的准备，训练他们正确回答面试问题的思维方式，找到自己在求职方面的不足或者短板并及早加以改正。没有面试经验的求职者在读过这本书后会少走很多弯路；有面试经验的求职者可以对照本书的内容查漏补缺并汲取成功经验。

这本书的价值

这是一本有助于提升求职技巧的工具书，是求职类书籍中通篇讲述如何回答面试问题的实战类书籍。

这或许是一本翻开了就停不下来的书。对于刚刚经历完面试的求职者，拿到这本书时会有一种迫不及待想找到问题答案先睹为快的感觉。对于即将参加面试的求职者，或许会把本书当作是一本面试通关技巧的参考书。虽然这本书主要是为应届毕业生而写，但是对于已经步入职场，有跳槽打算的人，也有很好的借鉴意义。

本书共分为五章，前四章重点讲解了高频面试问题的考点和答题技巧；第五章是作者给读者的建议。

第一章，主要讲解如何回答自画像类的面试问题。通常情况下，面试官会先从此类问题开始提问，其中涉及自我介绍、兴趣爱好、优点缺点、读书习惯、来自他人的评价等问题。如果面试一开始求职者就能高质量地回答此类问题，不但会增强自己的信心，还能给面试官留下一个好印象。以自我介绍这个问题为例，本书分享了崭新的回答思路，即如何用较短时间，比如在1分钟之内，给面试官呈现一个重点明确和条理清晰的自我介绍。此类问题是提升面试技能的基本功，建议读者认真阅读第一章的内容并结合自身情况，把每个问题落实到位。

第二章，主要讲解如何回答绩效预测类的面试问题。此类问题往往是面试过程的"重头戏"，是面试官提问时间较长和求职者感到最为头疼的一大类问题，其中最具代表性的问题包括有成就感或者挫败感的经历、能否适应加班、实习过程的收获、为企业带来哪些价值等。如果面试之前没有准备过此类问题，在现场求职者仅凭随机应变或临场发挥，很可能会遭遇面试失败。因此，这一章是本书的重点。练习回答绩效预测类的问题是提升面试技能的"看家本领"，需要引起读者的足够重视。

第三章，主要讲解如何回答求职动机类的面试问题。面试结束前，面试官会重点提问此类问题，比如有哪些职业规划、为什么应聘我们公司、还应聘了其他哪些公司、对自己的表现是否满意等。为了避免在面试中有"虎头蛇尾"的表现，求职者要重视此类问题，并抓住机会向面试官表达诚挚的求职意愿。此外，具备明晰而客观的职业规划是答好"求职动机"类问题的关键，所以建议求职者精心准备关于职业规划的问题。

第四章，主要讲解如何回答压力面试类的问题。此类问题是最近几年出现的高频问题，是本书的又一重点。很多求职者通常会被此类问题难倒，其主要原因并不是他们的能力不行，很可能是缺乏应对压力面试的经验，即没有经历过压力面试的训练，不了解压力面试的考查重点，不知道回答此类问题还有话术和技巧等。但是，本章内容并不是让求职者在面试的时候耍小聪明，而是训练他们回答此类问题的思维方式，启发和引导他们重视参加各种校内外实践活动来提升自己的适应能力。

第五章，讲了两个重点，分别是如何回答行为面试类的问题以及求职心态。在竞争激烈的就业市场，想要获得比较满意的工作机会，不但需要一点运气，更需要努力付出。这个过程虽然比较煎熬，却是求职者走向未来职场的必经之路。一次又一次的面试经历，无论是成功还是失败，都值得求职者珍惜。

最想感谢的人

首先，感谢每一位读者，期望这本书能帮助您找到理想的工作。

其次，感谢推荐序的撰写人刘向明先生。在 2014 年，刘老师把一颗蕴含使命的种子埋在了我的心里。这个使命就是帮助大学生在求职的道路上树立信心，少走弯路，面对挑战，求职成功！

再次，要特别感谢中央财经大学会计学院的孟雪和商学院的齐岩两位老师。她们非常重视学生的职业规划和就业，并多次邀请我和张秀宝为毕业生提供求职方面的辅导。

最后,这本书在中国劳动社会保障出版社的鼎力支持下得以出版,我们要感谢每一位在幕后默默付出的编辑朋友。

多年前畅销的求职类书籍,现在来看早已过时,如今的面试官很少问10年前的一些问题。随着企业的用人需求不断发生变化,我们会深耕校园招聘这一领域,紧跟就业市场的未来趋势,聚焦大学生的职业规划与求职,不断探索。

单锋

于武汉　光谷

目录

第一章 自画像类的面试问题 ……………………………………… 001

  第一节 自画像类面试问题概述 ／003

  第二节 如何准备自我介绍 ／004

  第三节 说说你的兴趣爱好 ／014

  第四节 说说你的优点缺点 ／021

  第五节 描述一下自身特长 ／029

  第六节 在校期间看什么书 ／036

  第七节 老师和同学对你的评价如何 ／042

第二章 绩效预测类的面试问题 …………………………………… 047

  第一节 绩效预测类面试问题概述 ／049

  第二节 最有成就感的一件事 ／050

  第三节 最有挫败感的一件事 ／060

  第四节 为什么能胜任这个岗位 ／064

  第五节 你能否适应加班的要求 ／069

  第六节 在实习工作中有哪些收获 ／075

  第七节 你可以为企业带来哪些价值 ／083

  第八节 最喜欢和最不喜欢哪类老师 ／090

第三章 求职动机类的面试问题 …………………………………… 095

  第一节 求职动机类面试问题概述 ／097

第二节　谈谈未来的职业规划　/ 098

第三节　为什么应聘我们公司　/ 107

第四节　还应聘了哪些公司　/ 115

第五节　对自己的面试表现是否满意　/ 122

第六节　面试即将结束，还有什么问题想要了解　/ 129

第四章　压力面试类的面试问题 …………………………… 139

第一节　压力面试类问题概述　/ 141

第二节　你能否接受加班，你对加班怎么看　/ 142

第三节　你并非名校毕业，你认为自己的优势是什么　/ 149

第四节　如果没有录用你，你认为可能的原因是什么　/ 159

第五节　作为应届毕业生，你缺乏经验，你认为如何能够胜任这项工作　/ 166

第六节　已有工作任务在身，可领导又安排你做其他事情，你会如何处理　/ 172

第五章　行为面试法与求职心态 ………………………………… 181

第一节　行为面试的原理和回答策略　/ 183

第二节　企业最看重的考核能力项　/ 197

第三节　面试成功与未来职场　/ 210

第四节　总结经验比黄金珍贵　/ 214

第一章
自画像类的面试问题

第一节
自画像类面试问题概述

校园招聘时，企业面试求职者的时间通常较短，短则五分钟，长则十几分钟，平均下来大约十分钟面试一个求职者。在较短的时间内，面试官要了解求职者的基本情况，一方面通过阅读简历获知，另一方面通过提问获知。通过提问来了解求职者基本情况的问题在本书中被统称为自画像类问题。

常见的自画像类面试问题如下。

- 请做一下自我介绍。
- 说说你的兴趣爱好。
- 说说你的优点与缺点。
- 描述一下自身特长。
- 在校期间看过什么书？
- 说说老师和同学对你有何评价？

面试的时候，求职者一定会被问到自画像类的问题。不过大多数面试官不会把自画像类的问题作为考查重点。即便如此，求职者仍要重视此类问题，原因有三。

首先，面试官先从自画像类问题开始提问，如果求职者想给企业留下好印象，就要精心准备此类问题，力求旗开得胜。

其次，自画像类问题难度不大，求职者不要在此类问题上丢分。面试一开始就在此类问题上频频丢分，会影响求职者的心态。

最后，求职者在回答此类问题时，面试官会抓取重要信息做进一步提问。能否高质量回答自画像类问题关系到面试的成败。

第二节
如何准备自我介绍

一、问题考点

有人说："自我介绍谁不会呀？不就是把简历上的内容高度概括一下吗？自我介绍，我可以倒背如流！"

自我介绍是最常见的面试问题。但是，这个问题并不容易回答。有经验的面试官会通过求职者自我介绍这一环节，快速筛选出综合素质较好的人选。细细体会下面三个问题有何不同？

问题一：张同学，请做一下自我介绍。（面试官没有特别要求）

问题二：张同学，给你三分钟，请做一下自我介绍。（面试官有时间要求）

问题三：张同学，用一分钟时间做一下自我介绍，简明扼要，说重点。（面试官对回答时间和内容都提出了要求）

回答上述三个问题，哪个问题的难度更大？

第三个问题的难度最大！把提前准备好而且倒背如流的自我介绍全盘托出，就一定能得高分吗？

"用一分钟时间做一下自我介绍，简明扼要，说重点。"这个问题考查综合素质，会涉及以下要点。

- 倾听能力，即求职者是否听到面试官要求的"请用一分钟时间"，关键词是"一分钟"。
- 时间观念，大多数求职者都知道"一分钟"并不长，但是"一分钟"到底有多久，很多人并不清楚。
- 心理素质，一听到考官要求"一分钟""简明扼要""说重点"等，有的求职者立刻紧张起来。
- 逻辑思维，原先准备了两分钟或三分钟的自我介绍，结果面试官却限定一分钟，这需要求职者在非常短的时间内调整思路，把内容重新组合，然后有重点、有条理地表述出来。

关于自我介绍的问题会涉及这么多的考查项吗？如果说很早之前自我介绍的考查重点是表达能力的话，在如今竞争激烈的就业环境下，面试官可以通过自我介绍这个问题快速识别综合素质较好的求职者，从而提升面试效率。

下面这个自我介绍，有何亮点？

> 各位面试官好，我来自 ABC 大学的会计学院，我叫薛某某。我的专业是财务管理，在校期间成绩优异，多次获得学校级奖学金。我性格开朗，乐于助人，担任班干部期间多次获得优秀班干部称号。我做事沉稳，有耐心，认真负责，曾经在多家企业实习，收获了很多工作经验……

这一版自我介绍，乍一听，感觉薛同学的条件还不错。但是，当一天内面试十几个甚至是几十个求职者的时候，面试官还记得薛同学有什么亮点吗？千篇一律的自我介绍往往会让面试官产生"审美疲劳"，甚至"张冠李戴"。

失败的自我介绍有如下特点。

- 听不出自我介绍的重点是什么，而且缺乏条理性。
- 自我介绍的内容冗长、枯燥，像是机械式地背诵。
- 没有结合所应聘岗位的要求准备自我介绍，缺乏针对性。

失败的自我介绍在校园招聘的现场屡见不鲜。众多求职者仍然套用五年前、十年前自我介绍的模板。能否在这个问题上拿到高分，最为关键的是如何有针对性地设计自我介绍，让面试官记住你！

二、回答策略

下面这个自我介绍，有何亮点？

各位面试官好，我来自 ABC 大学的会计学院，我叫薛某某。感谢贵公司给予我这次面试机会，我应聘的是基础财务会计岗位。我仔细阅读了这个岗位的职责说明，认为自己非常胜任，理由如下：首先，我的专业是财务管理而且成绩优异，符合这个岗位对专业知识的要求；其次，我曾经在多家会计师事务所有过财务相关的实习经历，这些经验有助于我完成未来的工作；最后，我的性格特点一方面做事沉稳，有耐心，认真负责，符合这个岗位的要求，另一方面开朗且乐于助人，人际沟通能力较强。以上是自我介绍的内容。

这是一个非常出彩的自我介绍！这版自我介绍的亮点见表 1-1。

表1-1 薛同学自我介绍亮点分析

模块	回答内容	亮点
开头	我来自 ABC 大学的会计学院，我叫薛某某。感谢贵公司给予我这次面试机会，我应聘的是基础财务会计岗位	简明扼要，告诉面试官你是谁、教育背景和应聘的岗位

续表

模块	回答内容	亮点
	我仔细阅读了这个岗位的职责说明，认为自己非常胜任	承上启下
中间部分	首先，我的专业是财务管理而且成绩优异，符合这个岗位对专业知识的要求	表明自己专业匹配
	其次，我曾经在多家会计师事务所有过财务相关的实习经历，这些经验有助于我完成未来的工作	表明自己经验匹配
	最后，我的性格特点一方面做事沉稳，有耐心，认真负责，符合这个岗位要求，另一方面开朗且乐于助人，人际沟通能力较强	表明自己性格匹配
结尾	以上是自我介绍的内容	简洁收尾

能否看出这个版本的自我介绍与一般的自我介绍有什么明显不同吗？请注意这句话"我仔细阅读了这个岗位的职责说明，认为自己非常胜任，理由如下……"这句话在提醒面试官接下来的内容是自我介绍的重点，即求职者将结合岗位要求有针对性地介绍自己。

此外，这是一个简明扼要的自我介绍。因为面试时间较短，"快问快答"就成为常见的对话方式。大多数面试官更青睐那些思路清晰、表达流畅、时间观念比较强的求职者。校园招聘的时候，逻辑清晰且重点突出的自我介绍，往往会得到高分。

如何设计有针对性的自我介绍？请看李同学的面试案例。

案例

岗位名称： 物流销售岗位（校园招聘）

岗位职责

1. 负责物流产品的市场渠道开拓与销售工作，完成年度销售计划。

2. 根据公司市场营销战略，提升销售价值，提高产品市场占有率。

3. 与客户保持良好沟通，为客户提供主动、热情的售前、售中、售后服务。

4. 根据公司产品、价格及市场策略，独立处理询盘、报价、合同条款的协商及签订、应收款跟进等事宜。

任职要求

1. 大专及以上学历，对销售岗位充满激情，愿意挑战高薪工作，能力出众者学历不限；

2. 学习能力强，乐于接受新鲜事物，乐于拥抱变化。

参加这个岗位的面试，要求求职者自我介绍的时长为1分钟，如何准备？

先看一版失败的自我介绍。

面试官，我叫李某。感谢贵公司给我这个面试机会。我所学的专业是物流管理。在校期间，我的学习成绩优秀，担任过班干部，获得过优秀学生奖学金。在老师眼里，我是一个有责任心的班干部；在同学眼中，我是一个乐于助人和正直诚信的人。我有过两次实习经历。第一次是在 A 公司从事行政助理工作,这个工作做了三个月。第二次是在 B 公司从事销售工作,岗位是销售实习生,这个工作做了两个月。我非常期望能够加入贵公司,回答完毕。

分析

李同学的自我介绍怎么样?能否让面试官印象深刻并记住他?

能够获得高分的自我介绍一定是针对所应聘岗位的要求设计的,而且具备逻辑清晰和重点突出的特点。

李同学的自我介绍没有针对性,重点也不突出,很难给面试官留下深刻印象。那么,如何设计有针对性的自我介绍?这里有三个步骤供求职者参考。

第一步,对照任职要求,寻找自身优势,见表 1-2。

表 1-2 对照任职要求,寻找自身优势

应聘岗位	任职要求	自身优势
物流销售岗位(校园招聘)	1. 大专及以上学历,对销售岗位充满激情,愿意挑战高薪工作,能力出众者学历不限; 2. 学习能力强,乐于接受新鲜事物,乐于拥抱变化	学习成绩优秀 获得优秀学生奖学金 担任过班干部(有上进心) 有责任心 乐于助人 诚信正直 有销售岗位的实习经验(两个月)

第二步,对照岗位职责,评估自身实力,见表1-3。

表1-3 对照岗位职责,评估自身实力

应聘岗位	岗位职责	评估自身实力
物流销售岗位(校园招聘)	1. 负责物流产品的市场渠道开拓与销售工作,完成年度销售计划	是否有市场渠道开拓的经验?目前只有两个月的销售经历
	2. 根据公司市场营销战略,提升销售价值,提高产品市场占有率	欠缺此项要求(绝大多数求职者都不具备)
	3. 与客户保持良好沟通,为客户提供主动、热情的售前、售中、售后服务	具备责任心、助人为乐和诚信正直的性格特点
	4. 根据公司产品、价格及市场策略,独立处理询盘、报价、合同条款的协商及签订、应收款跟进等事宜	欠缺此项要求(绝大多数求职者都不具备)

第三步,结合岗位要求,有重点、有条理地组织回答内容。经过调整后的自我介绍如下。

各位考官好,我叫李某。感谢贵公司给予我这次面试机会,我应聘的是物流销售岗位。我仔细阅读了这个岗位的职责说明,认为自己能够胜任这个岗位,理由如下。首先,在校期间我有过两个月的销售工作经历,对于销售工作并不陌生,除此以外我还做过三个月的行政助理实习工作。其次,物流销售岗位要求从业人员能够很好地与客户打交道,做好全流程的客服工作,我的性格特点很符合这个岗位的要求。最后,虽然这个岗位有些工作内容我不了解,比如市场开拓、提高产品占有率、商务谈判、协商合同条款及回款跟进等,但是我的学习能力强,敢于接受挑战。在校期间我曾经担任过班干部并获得过优秀学生奖学金,这些都可以证明我有潜力胜任这个工作。以上是自我介绍的内容。

对比之前的自我介绍,调整后的自我介绍亮点分析见表1-4。

表1-4 调整后的自我介绍亮点分析

模块	回答内容	亮点
开头	我叫李某。感谢贵公司给予我这次面试机会,我应聘的是物流销售岗位	表达感谢,阐述应聘的岗位
中间部分	我仔细阅读了这个岗位的职责说明,认为自己能够胜任这个岗位,理由如下	承上启下
中间部分	首先,在校期间我有过两个月的销售工作经历,对于销售工作并不陌生,除此以外我还做过三个月的行政助理实习工作	表明自己经验匹配
中间部分	其次,物流销售岗位要求从业人员能够很好地与客户打交道,做好全流程的客服工作,我的性格特点很符合这个岗位的要求	表明自己性格匹配

续表

模块	回答内容	亮点
中间部分	最后,虽然这个岗位有些工作内容我不了解,比如市场开拓、提高产品占有率、商务谈判、协商合同条款及回款跟进等,但是我的学习能力强,敢于接受挑战	表明自己有上进心
	在校期间我曾经担任过班干部并获得过优秀学生奖学金,这些都可以证明我有潜力胜任这个工作	表明自己有潜力
结尾	以上是自我介绍的内容	简洁收尾

这一版自我介绍的特点是简明扼要,有条理,有针对性,而且李同学的回答时间可以控制在一分钟以内。

求职小贴士

自我介绍的时候要:
- 言简意赅,说重点
- 逻辑表达,有条理
- 结合岗位,有针对性

自我介绍的时候不要:
- 冗长、超时
- 机械式背诵
- 内容分散无重点

第三节
说说你的兴趣爱好

一、问题考点

面试官问:"这位同学,请说说你的兴趣和爱好。"这个问题的考点是什么?

在20世纪60年代,美国心理学家霍兰德对人的兴趣和爱好进行研究,从而验证了兴趣与职业的关系。

不同类型的职业对人的性格要求有所不同,而人的性格与自身的兴趣和爱好有关。霍兰德认为,人在选择职业的时候,会受到自身兴趣和爱好的影响。如果个人所从事的职业与自身的兴趣和爱好相符,在工作中,此人很可能会主动投入更多的时间和精力。在兴趣和爱好的驱使下,加上更多的投入和付出,此人的绩效表现会显著高于一般水平,从而他会得到更多的回报,比如收入增加或者岗位晋升等。因为获得了更多回报,他就愿意持续地投入和付出,甚至比以前更加努力地工作,这是一个良性循环。

反之,如果一个人的职业与自身的兴趣和爱好不相符,甚至是厌恶这份工作,可以预判,此人在工作中主动投入的时间和精力比较少，因此绩效表现可能很一般或者很差，从而他得到的回报就不明显，甚至为负。当他无法获得让自己满意的回报或者工作的成就感很低时，他就更不愿意付出。

综上所述，面试官考查求职者的兴趣和爱好有助于了解他们的性格特点，并对其未来的绩效表现进行预判。

二、回答策略

为了更好地表现自身特点并吸引面试官的注意，求职者需要结合岗位要求回答关于兴趣和爱好方面的问题。先来看张同学的失败案例。

案例 1

岗位名称： 财务会计

任职要求

1. 会计相关专业。
2. 认真、严谨、细致，吃苦耐劳。
3. 有良好的沟通、理解和分析能力。
4. 有良好的职业操守及团队合作精神。

分析胜任财务会计岗位所需要的性格特点，见表 1–5。

表1-5 胜任财务会计岗位所需要的性格特点

应聘岗位	任职要求	岗位需要的性格特点
财务会计（校园招聘）	会计相关专业	稳重、内敛
	认真、严谨、细致，吃苦耐劳	严谨、坚韧
	有良好的沟通、理解和分析能力	主动沟通的外向性格，理性、客观的内向性格
	有良好的职业操守及团队合作精神	坚持原则、诚实守信、合群

参照表1-5，因为工作需要，应聘该岗位的求职者需要具备稳重、严谨、理性、客观、诚实守信、坚持原则等特点。

在回答兴趣和爱好这个问题的时候，面试官会给张同学高分吗？以下是他的回答。

> 面试官，我的兴趣和爱好比较广泛。我最喜欢的三项是：看英文原声电影、结伴旅行、下围棋。为什么选择英文原声电影呢？因为翻译成中文后，很多内容偏离了原著，而且我感觉英文原声电影给人的代入感会更好。考虑到不希望被他人打扰，我更倾向于一个人看电影。为什么结伴旅行？我喜欢旅行，但是一个人外出会有些孤独，因此我喜欢和朋友或者同学结伴旅行。最后是下围棋，这是一项脑力和耐力结合的活动。但是我身边的同学下围棋的人不多，想找一个棋友是真不容易。有的时候，一个人在宿舍，我会拿出围棋来跟自己对弈。如果碰到棋友的话，下一天围棋都不觉得枯燥。

分析

结合张同学的兴趣和爱好,可以发现他具备表1-6所示的性格特点。

表1-6 张同学兴趣和爱好呈现出的性格特点

张同学的兴趣和爱好	张同学的性格特点
看英文原声电影:考虑到不希望被他人打扰,我更倾向于一个人看电影	有性格安静的一面
结伴旅行:一个人外出会有些孤独,因此我喜欢和朋友或者同学结伴旅行	有性格活泼的一面
下围棋:我身边的同学下围棋的人不多,想找一个棋友是真不容易。有的时候,一个人在宿舍,我会拿出围棋来跟自己对弈。如果碰到棋友的话,下一天围棋都不觉得枯燥	安静、专注、有耐心

对比表1-5和表1-6两个表格的内容,张同学的性格特点能否满足岗位要求?两者匹配度见表1-7。

表1-7 张同学性格特点与岗位要求的匹配度

财务会计岗位任职要求	岗位需要的性格特点	张同学的性格特点
会计相关专业	稳重、内敛	■ 安静 ■ 专注 ■ 有耐心 ■ 既有性格安静的一面,也有性格活泼的一面
认真、严谨、细致,吃苦耐劳	严谨、坚韧	
有良好的沟通、理解和分析能力	主动沟通的外向性格,理性、客观的内向性格	
有良好的职业操守及团队合作精神	坚持原则、诚实守信、合群	

从张同学的回答内容看不出他具备严谨、理性、客观、诚实守信、坚持原则等特点,因为与岗位要求的性格特点匹配度不高,所以面试官不会给他很高的分数。

如何回答兴趣和爱好的问题,请看刘同学的成功案例。

案例 2

岗位名称: 人力资源专员

任职要求

1. 人力资源管理相关专业优先考虑录用。
2. 专科及以上学历,有人力资源相关岗位实习经验优先。
3. 善于沟通,有较强的语言表达能力及协调能力。
4. 工作认真、态度积极,有较强的团队精神。
5. 有人力资源相关证书者优先考虑。

刘同学应聘人力资源专员岗位。参加面试之前,她对人力资源专员岗位做了深入分析,发现这个岗位对求职者的要求见表1-8。

表1-8 人力资源专员岗位要求

考评维度	人力资源专员岗位的具体要求
学历要求	专科及以上学历
专业要求	人力资源管理相关专业优先
经验要求	人力资源相关岗位实习经验优先
性格特点要求	外向、认真、积极、合群;表达能力好、善于沟通和协调

刘同学自身的学历、专业与经验情况见表1-9。

表1-9　刘同学的学历、专业与经验情况

考评维度	刘同学自身情况
学历	本科
专业	工商管理
经验	两段实习经历,分别是1个月的公司前台和2个月的人力资源助理

参加面试之前,刘同学阅读了岗位的招聘信息,她发现在学历、专业、经验等方面,自身条件与应聘岗位的要求比较吻合。而人力资源专员岗位还需要"外向、认真、积极、合群;表达能力好、善于沟通和协调",对求职者的性格特点提出了要求,为此,刘同学尽可能挑选与这些性格特点相关度比较高的兴趣和爱好进行回答。接下来,看刘同学如何回答面试官的问题。

面试官:"说说你的兴趣爱好吧。"

刘同学:"面试官,我很喜欢组织活动,不知道这算不算是兴趣爱好?在校期间,我积极参与学生会的活动,组织过迎新会、演讲比赛、歌唱比赛、手工作品展览等。因为举办的活动比较多,所以需要跟很多老师和各年级的同学打交道,但是不管我是活动的组织者还是执行者,都能够与大家愉快地合作。此外,我还喜欢听音乐、读书、跳舞、旅游等。如果发现特别喜欢的音乐或者书籍,我很乐意分享给身边的同学。我喜欢把快乐分享出去。"

分析

结合刘同学的兴趣和爱好,可以发现她具备表 1-10 的性格特点。

表 1-10 刘同学兴趣和爱好呈现出的性格特点

刘同学的兴趣和爱好	细节描述	刘同学的性格特点
喜欢组织活动	参与过很多校内活动; 与很多老师和同学打交道; 能够与大家愉快地合作; 担任过活动的组织者,也担任过执行者	外向、主动、积极、善于人际交往、合群
听音乐、读书、跳舞、旅游	分享喜欢的音乐或者书籍	乐观、友善

面试官会如何评价刘同学的回答?刘同学的性格特点与岗位要求的匹配度较高,见表 1-11。

表 1-11 刘同学性格特点与岗位要求的匹配情况

考评维度	人力资源专员岗位的具体要求	刘同学的性格特点
性格要求	外向、认真、积极、合群;表达能力好、善于沟通和协调	外向、主动、积极、善于人际交往、合群、乐观、友善

考虑到刘同学在组织活动的过程中,需要与很多人打交道,推测她的表达、沟通和协调能力不会差,综合以上所有信息,面试官会给她的回答打高分。

所以，如果求职者能结合应聘岗位的要求来回答关于兴趣和爱好的问题，往往会取得好的效果。

求职小贴士

- 兴趣和爱好反映了一个人的性格特点。
- 尽可能结合岗位的要求回答"兴趣和爱好"，让面试官快速发现你的性格特点。

第四节
说说你的优点缺点

一、问题考点

在校招的时候，求职者常常被问到自己的优点和缺点。回答自己的优点是什么比较容易，然而很多人不会或者难以回答自己的缺点。原因有二，一方面，求职者不知道自己的缺点是什么；另一方面，他们知道自己的缺点但是害怕说错话而带来麻烦。

面试官提问求职者优点和缺点的目的是什么？这个问题体现出

以下三个考点。

- 考查自我认知能力，看求职者对自己有没有客观和清晰的认知。
- 看求职者敢不敢说出自己的缺点，能否坦诚地说出自己的不足。
- 结合求职者的优点、缺点，面试官可以判断他们与这个岗位的匹配度。

二、回答策略

（一）优点类问题回答策略

在回答优点时，求职者要尽量贴合岗位要求，有重点、有条理地阐述。为方便理解，请看王同学的面试案例。

案例 1

某企业招聘管培生，任职要求如下。

1. 极强的学习和适应能力。
2. 自我约束能力和坚韧的性格。
3. 有团队协作精神，能够主动融入团队。
4. 较强的责任心和积极的态度，勇于挑战自我。

王同学应聘某企业的管培生。被问到"优点"的时候，他是这样回答的。

面试官,我的优点是待人真诚、一诺千金、勤奋踏实、重视团队合作。在校期间,我获得过不少荣誉和证书;实习期间,我的实习单位对我也是非常认可。虽然不善言辞,但是与我相处之后,您很快就会发现我是一个务实且实干的人。我会用行动来证明我的优秀。

分析

王同学的优点是:待人真诚、一诺千金、勤奋踏实、团队合作、务实、实干。对于上述回答,面试官会给他高分吗?答案是:不会!因为王同学的优点不能匹配企业对管培生的要求,见表1-12。

表1-12 王同学的优点与管培生岗位要求的匹配情况(1)

企业对管培生的要求	王同学的优点
学习能力、适应能力、自我约束、坚韧、团队协作、融入团队、责任心、积极态度、挑战自我	待人真诚、一诺千金、勤奋踏实、团队合作、务实、实干

王同学结合企业对管培生的要求,改进了回答内容,使其更有针对性。

面试官,我的优点体现在三个方面。第一,在校期间我积极要求上进,而且学习能力强,因此我获得了不少荣誉和证书；第二，在实习工作中，因为我对工作负责，不怕困难和挑战自我，所以获得了实习单位的高度认可；第三，无论是在校内还是实习，我都注重团队合作，与老师、同学和同事友好相处。

改进后，王同学的优点与管培生岗位的要求比较匹配，见表 1–13。

表 1–13　王同学的优点与管培生岗位要求的匹配情况（2）

企业对管培生的要求	王同学的优点
【√】学习能力、适应能力、自我约束、坚韧 【√】团队协作、融入团队 【√】责任心 【√】积极态度 【√】挑战自我	在校期间我**积极要求上进**，而且**学习能力强**，因此我获得了不少荣誉和证书
	在实习工作中，因为我**对工作负责，不怕困难**和**挑战自我**，所以获得了实习单位的高度认可
	无论是在校内还是实习，我都注重**团队合作**，与老师、同学和同事**友好相处**
注：【√】指的是该能力项在王同学的回答里有所提及	

很明显，第二个版本的内容完胜第一个版本，原因有二。一方面，第二个版本回答的内容是针对管培生的招聘要求而设计的；另一方面，第二个版本回答的内容重点突出、条理清晰，有吸引力。

综上所述，在回答自身优点的时候，求职者不要一上来就说自己有哪些优点，要先思考所应聘岗位的要求是什么以及自身优点是否满足，从而尽可能贴合岗位要求，有重点、有条理地进行阐述。在时间允许的情况下，求职者最好还能举例证明自己具备这些优点。

（二）缺点类问题回答策略

回答缺点类问题的时候有哪些注意事项呢？

在校园招聘中，求职者很可能被问到以下类似的问题。

- 请说说你的缺点或者不足。
- 你的老师、长辈或者同学是否指出过你的缺点和不足？
- 在校期间或者实习工作期间，你发现自己有哪些缺点或者不足？

回答缺点类问题时，求职者不可以弄虚作假或者故意隐瞒。为了获得工作机会，某些求职者会撒谎或者隐瞒自己的缺点，一旦被面试官觉察或者揭穿，无论求职者的条件多么优秀，企业都不会录用。

此外，求职者应预先准备好如何回答缺点类问题。被问到缺点的时候，某些求职者临场发挥，在时间很短的情况下，很难回答好这类问题，再加上内心紧张，很有可能发挥失常，从而痛失工作机会。

如何回答关于缺点的问题，请看张同学的面试案例。

案例 2

张同学的缺点是粗心大意。因为粗心大意,家长和老师没少批评过她。渐渐地,她意识到粗心大意会影响自己未来的职业发展,因此她开始尝试改掉这个缺点。那么效果如何?"知错就改"是回答这个问题的关键!以下是张同学被问到缺点时的面试场景。

面试官:"请说说你的缺点或者不足。"

张同学:"面试官,我的缺点是粗心大意。粗心大意会影响一个人的工作表现。但是,经过半年多的努力,我已经很好地改掉了这个缺点。"

面试官:"只用半年的时间就改掉了,你怎么做到的?"

张同学:"按老师的建议,我通过培养好习惯来改掉粗心大意的缺点。第一,培养准时和守时的时间观念,这一点有助于提升自律意识;第二,培养反复检查、核查的习惯,确保从自己手上出去的工作没有差错;第三,养成认真记录和保存资料的习惯,从细处着手让自己变得严谨。"

面试官:"听上去,养成这些好习惯也不难?"

张同学:"现在不难了,最初 3 个月却很不容易。毕竟养成一个好习惯需要一个过程,而且会有反复,我也有想偷懒的时候。但是,一想到很快就要毕业了,我不能把这个缺点一直带在身上,如果不能纠正,将来上班后肯定会吃苦头。所以,我就下定决心一定要改正粗心大意的缺点。"

面试官:"你现在完全改掉了吗?"

张同学:"很有成效。从最初意识到要改正缺点到现在已经过了半年多时间,我看到自己的付出没有白费。现在做事比大多数同学要严谨和细致,但我不敢掉以轻心,将来工作后,我还要继续培养更多好习惯。"

分析

看了上述对话,面试官对张同学的回答满意吗?答案是肯定的,因为她的回答有三个亮点。

- 坦诚说出自己的缺点。
- 知错就改,能够清晰地阐述如何一步一步改正缺点。
- 举例说明取得的成效,让面试官相信自己有能力改掉不足。

在校期间,求职者要认真思考优点,也要审视自身的缺点,尤其是那些很可能阻碍自己更好发展的缺点,比如:粗心大意、缺乏毅力、脾气急躁、做事拖延、没有计划、心理素质差、时间观念差、性格犹豫不决等。当意识到自己有缺点和不足的时候,求职者应尝试尽早改掉,而不是选择听之任之或者视而不见。

对比以下两种提问方式,有何差异?

问题一:"张同学,你打算如何改掉粗心大意的缺点?"(关键

词是：打算）

问题二："张同学，为了改掉粗心大意的缺点，你做过哪些尝试和努力，效果如何？"（关键词是：做过、尝试和努力）

显然，"问题二"才是面试官真正想考查的重点！与其说面试官想了解求职者有什么缺点，不如说他们更想知道求职者是否有勇气、有毅力和有方法改正自身的缺点。因此，在面试的时候，求职者应避免"我打算改正缺点"等类似的说法，而是要详细阐述"我是如何尝试改正缺点""我是如何努力改正缺点""我已经改正了缺点"，等等。

在回答自身缺点的时候，求职者应提前准备，并如实回答，千万不可以撒谎。如果撒谎，求职者往往会不自觉地呈现出某种状态，比如以下几种反应，面试官会判定求职者可能在撒谎。

- 故意回避或者逃避正面回答。
- 情绪紧张，慌慌张张，语无伦次。
- 回答自相矛盾，经不起推敲，无法自圆其说。
- 不能给出有说服力的依据或者事例，空谈理论，苍白无力。

在任何形式的面试中，对面试官撒谎的后果是非常严重的，因此求职者要保持诚实和守信的态度参加面试。

 **求职小贴士**

- 回答缺点的时候要坦诚。
- 提前准备如何回答优点或缺点类问题,避免临场发挥。
- 面试官不仅想了解你的缺点是什么,更想知道为了改正缺点,你做了哪些尝试和努力以及收效如何。

第五节
描述一下自身特长

一、问题考点

校园招聘的时候,面试官会问这样的问题。

- 说说你有什么特长?
- 在众多求职者中,企业为什么要选择你?
- 结合所应聘的岗位,说说你有什么过人之处?

提问求职者的特长、过人之处的目的是什么?通过这个问题,面试官想挖掘求职者是否具备岗位需要的特长和优势。求职者不必把自己所有的特长都说出来,而是尽可能呈现与应聘岗位的要求相匹配的特长。

二、回答策略

明确了这个问题的考点,就很容易进行回答,求职者应紧密结合岗位要求来设计回答的内容,并尽可能有条理、有重点、有针对性地表述。

如何回答自身特长,请看陈同学的面试案例。

案例1

某企业招聘办公室文秘岗位,任职要求如下。

1. 本科及以上学历,英语、新闻学、汉语言文学等专业。

2. 具备优秀的写作能力和沟通协调能力,能熟练使用办公软件。

3. 办事风格高效干练,保密意识强,责任心和进取心强,有一定的抗压能力。

陈同学有以下特长。

- 在校期间考取雅思7分的成绩,曾获得全校英语口语大赛冠军。
- 在兴趣和爱好方面,擅长围棋,曾获得省围棋大赛女子组第二名。

- 在校期间，考取了计算机二级证书、普通话二级甲等证书、书法中级证书。
- 实习期间，熟练掌握了办公软件的操作技能，比如使用 Excel 的高级函数。

回答自己有什么特长时，陈同学是直接把上述四点内容复述一遍，还是结合应聘岗位的要求有针对性地回答？哪个效果会更好？答案肯定是后者。

为了取得更好的面试效果，在结合岗位要求的基础上，陈同学这样回答。

> 面试官，我的特点或者特长与应聘的岗位很吻合，理由如下。首先，该岗位对求职者的英文水平有要求。我猜测在平时工作中会用到英语技能。我非常喜欢英语，而且英文的应用能力很强。我曾经获得雅思 7 分的成绩，也获得过全校英语口语大赛的冠军。其次，该岗位还需要熟练使用办公软件。在实习的时候，我经常使用 PPT 和 Excel 等软件，并且掌握了 Excel 的高级函数技巧。这将有助于提升我的工作效率。再次，这个岗位需要求职者有上进心，有抗压能力。在校期间，我对自己严格要求，积极参加多项比赛，获得过围棋、英语等方面的好成绩，而且利用课余时间考取了不少技能证书。这是我的证书，请面试官过目。最后，我会在未来的工作中对自己提出更高的要求，从而更好地胜任这个岗位。

分析

陈同学抓住办公室文秘岗位对求职者的专业、经验和能力优势等方面的要求，结合自身所具备的特长，有针对性地回答问题。陈同学的回答有条理，有重点，逻辑清晰，从而更加吸引面试官，岗位与特长匹配情况见表1-14。

表1-14　办公室文秘岗位要求与陈同学特长的匹配情况

办公室文秘岗位要求	陈同学的特长
本科及以上学历，英语、新闻学、汉语言文学等专业	该岗位对求职者的英文水平有要求。我猜测在平时工作中会用到英语技能。我非常喜欢英语，而且英文的应用能力很强。我曾经获得雅思7分的成绩，也获得过全校英语口语大赛的冠军
具备优秀的写作能力和沟通协调能力，能熟练使用办公软件	该岗位还需要熟练使用办公软件。在实习的时候，我经常使用PPT和Excel等软件，并且掌握了Excel的高级函数技巧。这将有助于提升我的工作效率
办事风格高效干练，保密意识强，责任心和进取心强，有一定的抗压能力	这个岗位需求职者有上进心，有抗压能力。在校期间，我对自己严格要求，积极参加多项比赛，获得过围棋、英语等方面的好成绩，而且利用课余时间考取了不少技能证书。这是我的证书，请面试官过目

从案例可以看出，面试官想挖掘求职者是否具备应聘岗位需要的特长。求职者不需要把自己所有的特长都说出来，而是要呈现与应聘岗位要求相匹配的特长。

如何回答自身特长，再看一个于同学的面试案例。

案例 2

某公司招聘技术储备生，岗位职责要求如下。

1. 培养方向：工程师（高级工程师）；培养期：2~3 年。

2. 入职后由公司安排集中培训，了解公司文化、愿景、目标、组织架构、产品、生产工艺、现场管理等知识。

3. 公司安排到各分/子公司接受培训，轮岗学习，由指定的导师带教。

4. 定岗后，出色完成本岗位工作，并协助部门领导做好管理工作。

任职要求

1. 化工工程、高分子材料、机电一体化、机械类专业，本科学历，性别不限。

2. 具备诚实的品德、吃苦耐劳的精神，责任心强，事业心强，学习能力强，做事认真用心。

对于技术储备生这个岗位，都有哪些要求（见表 1-15）？

表1-15 技术储备生岗位要求分析

技术储备生岗位职责	岗位要求
培养方向：工程师（高级工程师）； 培养期：2~3年	专注于技术路线，有上进心
入职后由公司安排集中培训，了解公司文化、愿景、目标、组织架构、产品、生产工艺、现场管理等知识	学习能力强
安排到各分/子公司接受培训，轮岗学习，由指定的导师带教	适应能力强、能够主动学习、善于人际合作
定岗后，出色完成本岗位工作，并协助部门领导做好管理工作	踏踏实实、积极主动、执行能力强、有责任心

于同学应聘技术储备生岗位，在结合岗位职责和任职要求后，他做了充分准备，以下是面试官和他的对话。

面试官："结合所应聘的岗位，说说你有什么特长或者优势？"

于同学："结合技术储备生的要求，我总结了我具备的四个优势：第一，我的专业是机械设计，希望长期从事技术相关工作，我相信自己可以成为出色的工程师；第二，我的学习能力很强，在校期间，我的学习成绩比较优秀，有参加校内外竞赛并获奖的经历；第三，我的抗压能力和适应能力很好，曾经参加导师的课题组并出色地完成研究项目，实习期间实习单位也对我的工作表现非常认可;第四,在校期间,我养成了真诚待人、踏踏实实、认真做事的处事风格,这将有助于我在未来工作中更好地开展工作。"

面试官:"以上这些,你最突出的优势是什么呢?"

于同学:"我认为最突出的是积极要求上进,不达目标誓不罢休的劲头。"

分析

于同学的回答有两个亮点:第一,紧密结合岗位要求设计回答内容;第二,表述条理清晰、重点明确,很有针对性(见表1-16)。

表1-16 于同学的优势与岗位要求的匹配性

岗位要求	于同学的优势
专注于技术路线,有上进心	我的专业是机械设计,希望长期从事技术相关工作,我相信自己可以成为出色的工程师
学习能力强	我的学习能力很强,在校期间,我的学习成绩比较优秀,有参加校内外竞赛并获奖的经历
适应能力强、能够主动学习、善于人际合作	我的抗压能力和适应能力很好,曾经参加导师的课题组并出色地完成研究项目,实习期间实习单位也对我的工作表现非常认可

续表

岗位要求	于同学的优势
踏踏实实、积极主动、执行能力强、有责任心	在校期间,我养成了真诚待人、踏踏实实、认真做事的处事风格,这将有助于我在未来工作中更好地开展工作

 **求职小贴士**

⬢ 回答自己的优势、特长(或者优点)、过人之处时,尽可能结合岗位要求。

⬢ 面试官关注的重点不是你的所有特长,而是与这个岗位要求相匹配的特长。

第六节
在校期间看什么书

一、问题考点

"最近看什么书"或者"在校期间看什么书",此类问题主要有三个考点。

第一，考查阅读习惯，看求职者在校期间是否有主动阅读的习惯。

第二，考查学习能力，除了看教科书外，还自学了哪些专业类的书籍。

第三，考查自我驱动力，有紧迫感和上进心的求职者主动学习的意愿比较强烈，具体表现是有学习目标、自学的规划、考证的规划以及提升自身专业能力的各种学习规划。

与"在校期间读了哪些书"相关的面试问题总结如下。

- 除了教科书，还读了哪些书？
- 为什么会读这本（这些）书？
- 说说你印象最深刻的一本书？
- 这本书的作者是谁？
- 这本书的主要内容是什么？
- 这本书对你有何帮助？有何启发？
- 你喜欢这本书吗？为什么？
- 从这本书中，你有哪些收获？

二、回答策略

在校期间看什么书？回答此类问题的时候，最好兼顾以下三类书籍。

- 与专业相关的非教科书（首选）

- 与考级考证相关的考试类书籍
- 一部分课外兴趣读物

如何回答关于看书的问题,先来看第一个面试案例。

案例 1

面试官问最近看了什么书,有一位财务专业的求职者是这样回答的。

最近一年我主要看了一些与自身专业相关的书籍。去年我看了一本书,叫《轻松读懂财报》,这本书给我最深刻的印象是作者没有使用很多专业术语,而是采用了一些比较生动有趣的案例来描述财务类的知识,对于没有太多工作经验的职场小白,这本书的优点是通俗易懂。今年,老师又给我推荐了一本书,叫《财务笔记》。这本书也不错,但是有一定难度,我正在看,还没有看完。最近我还在看一本书,有点儿类似于人物传记类的小说,叫《美女出纳成长笔记》。这本书我快看完了,很有趣。以上书籍对于我考取财务类的从业证书都有不少促进和参考作用。

分析

最近一年这位求职者读了三本书,分别是《轻松读懂财报》《财务笔记》《美女出纳成长笔记》。这些书都是与她的专业相关的课外读物。整体上来看,求职者回答的内容有逻辑性,见表1-17。

表1-17 回答内容整理

阅读时间	书名	特点	收获
第一本(去年)	《轻松读懂财报》	通俗易懂	以上书籍对于考取财务类的从业证书都有不少促进和参考作用
第二本(今年)	《财务笔记》	有一定难度	
第三本(最近)	《美女出纳成长笔记》	人物传记小说,很有趣	

上述回答美中不足的是求职者没有详细说明读这些书的具体收获。如果求职者还能够用一两句话概括读书后的心得、收获和感悟等,相信面试官会给她打更高的分数。在面试的时候,会发现有的求职者读过不少书籍,那么求职者的阅读量是不是越多越好?再看下面这个例子。

案例2

面试官:"你是人力资源专业毕业生?"

求职者:"是的"

面试官:"在校期间,除了教科书外,你还阅读过哪些与人力资源相关的书籍?"

求职者:"读过一本叫《人力资源最佳实务》的书,是英文版的。"

面试官:"你为什么会读这本书?"

求职者:"我是从授课老师那里得知这本书的。当时,老师极力推荐班里的同学阅读这本书,说对我们深入学习人力资源知识很有帮助。但是这本书是全英文的,当时班里很少有同学购买。"

面试官:"这本书讲了什么内容?你有哪些收获?"

求职者:"书的主旨是启发人力资源从业者从传统的管理思维跳出来,以业务合作伙伴的身份参与企业的管理活动,从而制定和推行满足用人部门需求的招聘、培训、绩效管理等规划。在这本书中,作者比较详细地讲解了如何贴合企业需求进行人力资源规划,如何搭建人力资源管理体系,如何开展人力资源的各项活动,等等。通过阅读这本书,我主要有以下两点收获。第一点,显著提升了我的英文阅读和理解能力。这是我第一次阅读全英文的专业类书籍。虽然有些章节和内容比较难理解,但是我会反复阅读,查阅资料或者请教老师,直到看懂为止。第二点,这本书是提升人力资源管理理念的书籍,不同于人力资源的教科书,它是帮助人力资源从业者实现角色转变的实战类书籍。这里所说的角色转变,是指人力资源从业者不能仅从自身专业的角度思考问题，还要从用人部门的角度以及业务的角度思考问题，成为非人力资源部门的合作伙伴。"

面试官："除了这本书，你还看其他的书吗？"

求职者："也看了其他的书，但是这本书给我的印象最为深刻。"

分析

这是一个很好的例子。求职者结合自身专业详细地描述了书的内容和阅读的主要收获（见表1-18）。

表1-18　看了什么书，逻辑线梳理

逻辑线	回答内容
为什么读	从授课老师那里得知这本书。老师极力推荐，此书对深入学习人力资源知识很有帮助
主要内容	书的主旨是启发人力资源从业者从传统的管理思维跳出来，以业务合作伙伴的身份参与企业的管理活动，从而制定和推行满足用人部门需求的招聘、培训、绩效管理等规划。在这本书中，作者比较详细地讲解了如何贴合企业需求进行人力资源规划，如何搭建人力资源管理体系，如何开展人力资源的各项活动，等等
主要收获	第一点，提升英文阅读和理解能力 第二点，提升人力资源的管理理念，帮助人力资源从业者实现角色转变

回答这类问题,求职者可参照"为什么读 + 主要内容 + 主要收获"的逻辑进行回答。

求职小贴士

● 在校期间,要有读书的习惯,建议读一些与自身专业相关的课外书籍。
● 面试官会重点考查求职者的"精读"能力,阅读能力反映了求职者的学习能力。

第七节
老师和同学对你的评价如何

一、问题考点

面试官:"说说老师和同学对你的评价。"
求职者 A 说:"他们对我的评价都不错。"
求职者 B 说:"我的人缘挺好,大家很认可我。"
求职者 C 说:"老师认为我是好学生,同学们觉得我很靠谱。"

以上回答质量都不高,因为上述求职者没有抓住这个问题的考点。

"老师和同学对你的评价"体现以下三个考点。

考点一:来自老师和同学的评价很可能会有差异,因此要分别回答。举个例子,比如求职者 D 的回答是:"先说说老师对我的评价。班主任对我的评价是做事严谨;专业课老师对我的评价是学习态度端正。再来说说同学对我的评价。我的舍友与我相处很融洽,他们说我是个热心肠的人。班上的同学说我真诚、实在、为人正直。"

考点二:来自老师和同学的评价有助于面试官全面了解求职者的特点。来自他人的评价可能是表扬和认可,也可能是建议或批评。比如"授课老师认为我的学习能力很强,但是有时候也有急躁和粗心的表现;在班里面,我与大多数同学相处很好,也有个别同学说过我这个人太较真。"

考点三:来自老师和同学的评价有助于判断求职者是否符合岗位要求。因此,求职者不要泛泛地说老师和同学的评价,应该尽可能结合岗位要求多讲一些有助于应聘这个岗位的评价。

二、回答策略

面试官会对哪些评价感兴趣呢?当然是那些可能与岗位要求相关的内容。这就需要求职者在回答问题之前充分了解所应聘岗位的信息,尽可能列举与岗位要求中的关键词匹配度高的评价。

如何回答此类问题,请看郭同学的面试案例。

案例

某岗位要求如下。

1. 责任心,做好本职工作之余还能够承担其他工作任务。

2. 执行力,保质、保量完成领导委派的工作任务。

3. 团队合作,团结身边同事,乐于助人。

4. 积极主动,工作有热情,有上进心。

该岗位要求的关键词是:责任心、执行力、团队合作、积极主动。

以下是郭同学与面试官的对话。

面试官:"说说老师和同学对你的评价吧。"

郭同学:"老师和同学对我的评价不太一样。先说说老师对我的评价。班主任认为我在担任班干部期间做事有责任心,能够团结大家,在同学中的人缘也比较好,也能够积极主动地完成各项班级事务。同学们认为我是一个典型的行动派,说行动就行动,做事不拖延,效率高。当然,我也有自身的短板或者不足,老师曾经建议我要有耐心,我的舍友也提醒我避免急躁情绪。"

面试官:"结合老师和同学对你的评价,能否举几个例子证明一下?比如,你是一个典型的行动派或者在同学中人缘比较好。"

郭同学:"可以……"

分析

郭同学的回答有三个亮点。

1. 根据面试官的要求分别阐述来自老师和同学的评价。
2. 坦诚回答,不仅有表扬和认可,还有来自他人的建议。
3. 有针对性地回答,能够把来自他人的评价与岗位要求中的关键词巧妙地结合起来(见表1-19)。

表1-19 岗位要求与郭同学回答内容的匹配情况

岗位要求中的关键词	评价人	评价内容	
		表扬和认可	建议
责任心	班主任老师	做事有责任心	要有耐心
团队合作		人缘比较好,能够团结大家	
积极主动		积极主动完成各项班级事务	
执行力	同学和舍友	行动派,从不拖延,做事效率高	避免急躁情绪

这一问题也启发在校学生,要重视身边人的评价。在校期间,学生的主要任务不仅限于学习,还包括社会实践。在参加学校活动和实习期间,稍微细心留意,学生很有可能会获得来自老师、同

学、公司领导、同事、客户等的评价，其中既有认可或建议，也有表扬或批评。如果学生比较重视来自他人的评价，能够虚心听取他人的意见和建议，将非常有助于提升自身的综合素质，包括团队合作、沟通表达、适应能力、抗压能力、人际交往能力等。有句话说得好："良药苦口利于病，忠言逆耳利于行。"那些中肯的建议和批评往往比表扬和认可更有利于一个人的成长。

能重视身边人的评价一方面会促进自己的成长，另一方面还可以在面试的时候应对面试官的提问，何乐而不为？

求职小贴士

> 面试的时候不要泛泛地说他人对自己的评价，建议求职者结合岗位的要求多说有助于应聘这个岗位的评价，最好还能举例证明以增加可信度。

第二章
绩效预测类的面试问题

第一节
绩效预测类面试问题概述

绩效的英文是"performance",涵盖表现、业绩、工作情况等多个方面。简单来说,绩效描述了一个人的工作状态和成果。因此,绩效预测就是对求职者未来的工作表现、业绩和工作情况的预测和预判。

在校园招聘中,绩效预测类的问题是考查学生能力素质的重点问题,也是必考的面试问题,常见的问法如下。

- 说说最有成就感的一件事。
- 说说最有挫败感的一件事。
- 给面试官一个选择你的理由。
- 你能胜任这个岗位吗?为什么?
- 你有过实习经历吗?你的收获如何?
- 你能接受公司安排的加班和出差的要求吗?为什么?
- 举例说说你能为公司带来哪些价值?

上述提问方式往往比较直接,可能会让很多求职者感到有压力。因此，建议求职者参加面试之前做好充分准备，不能有侥幸心理。这里所说的"准备"，具体包括以下内容。

- 详细了解应聘公司和岗位的基本信息，尤其是所应聘岗位对求职者的具体要求。
- 熟悉绩效预测类问题的考点，整理回答思路，制定回答策略。
- 参加面试之前，反复演练回答的技巧，避免死记硬背。

第二节
最有成就感的一件事

一、问题考点

成就是指取得的成绩，无论大小，都可视为成就。成就感是指一个人完成某项任务或工作后获得的满足感或成功的喜悦。面试官问："说说在校期间让你感到有成就感的事情。"求职者可以从考试成绩、考取证书、参加比赛、参加社会活动、实习工作经历等方面举例。比如，张同学连续三年在寒暑假期间参加社会公益活动，从中获得成就感和快乐；李同学经过艰苦备考，成为班里第一批考取英语六级证书的人,这让他感到自豪和成就感;王同学在实习期间表现出色,获得实习单位的认可,这种成功的喜悦也给他带来成就感。

本题重点考查求职者是否具备做事有始有终,踏踏实实、敢于面对和解决困难的品质。回答此类问题时,求职者要注意以下两点。

第一,按照完整的叙事逻辑举例,需要讲清楚时间、地点、人物以及事情的起因、经过、结果,从而让面试官充分了解所描述的事件,同时也能展现你的逻辑思维和表达能力。

第二,着重强调如何克服困难、坚持不懈,最终取得成功,抓住"什么困难""如何坚持""如何努力""积极成果"等关键词展开描述,向面试官证明自己具备抗挫折能力和坚韧的品质。

二、回答策略

案例1

面试官:"说说在校期间最有成就感的一件事。"

张同学:"这件事是在大学三年级上学期,用了一周时间,我从零基础开始自学,独自完成了手工毛线兔的编织,并将其作为室友的生日礼物。这是一件很有难度的事情,主要有三个原因。第一,经验要求。我从来没做过类似的手工，而且这里面有一定技术含量，需要边学习边制作，很有挑战性。第二，性格要求。编织毛线兔需要有足够的耐心，要能耐住性子一针一线地做，一般的耐心程度肯定不够。第三，时间紧迫。因为只有一周的时间进行制作，所以我要争分夺秒。虽然编织毛线兔对我来说具有挑战性，我并没有选择从网上购买现成品，毕竟我亲手做的生日礼物与网上买的成品相比，二者意义不同。具体的制作过程是这样的：首先，我将编织任务进行分解，细化到每天甚至每小时。正因为如此计划，我才能在一周时间内完成任务。接下来，在买好所有配料后，我跟着网上的教学视频，一步一步、一针一针地进行模仿和操作。没看懂视频，我就多看几遍，编错了就拆掉，拆完再重新编织。整个过程是很痛苦的，需要耐心和细心。在这期间，我想过中途放弃，但是心有不甘，咬咬牙就坚持下来了。最后，在我不懈地努力下，毛线兔终于完工了。我把它交到室友的手中，看着它可爱的模样，我心中涌起了难以言喻的成就感、喜悦感和满足感。回顾这件事情，特别能理解那句话：有志者，事竟成。"

分析

对照叙事逻辑是否完整，是否有时间、地点、人物、起因、经过、结果等要素，显然张同学的回答符合要求，叙事要素分析见表 2-1。

表 2-1　成就感叙事要素分析

叙事要素	具体描述
时间	在大学三年级上学期
地点	学校
人物	张同学，室友
起因	亲自动手制作一件手工毛线兔作为室友的生日礼物
经过	首先，我将编织任务进行分解，细化到每天甚至每小时。正因为如此计划，我才能在一周时间内完成任务。接下来，在买好所有配料后，我跟着网上的教学视频，一步一步、一针一针地进行模仿和操作。没看懂视频，我就多看几遍，编错了就拆掉，拆完再重新编织。整个过程是很痛苦的，需要耐心和细心。在这期间，我想过中途放弃，但是心有不甘，咬咬牙就坚持下来了。最后，在我不懈地努力下，毛线兔终于完工了
结果	我把它交到室友的手中，看着它可爱的模样，我心中涌起了难以言喻的成就感、喜悦感和满足感

为了突出成就感，求职者需要重点描述"困难是什么""如何坚持、如何努力""成果有哪些"等，见表 2-2。

表 2-2　突出成就感的具体描述

突出成就感的重点	具体描述
困难是什么	第一，经验要求。我从来没做过类似的手工，而且这里面有一定技术含量，需要边学习边制作，很有挑战性

续表

突出成就感的重点	具体描述
困难是什么	第二，性格要求。编织毛线兔需要有足够的耐心，要能耐住性子一针一线地做，一般的耐心程度肯定不够
	第三，时间紧迫。因为只有一周的时间进行制作，所以我要争分夺秒
如何坚持、如何努力	首先，我将编织任务进行分解，细化到每天甚至每小时。正因为如此计划，我才能在一周时间内完成任务。接下来，在买好所有配料后，我跟着网上的教学视频，一步一步、一针一针地进行模仿和操作。没看懂视频，我就多看几遍，编错了就拆掉，拆完再重新编织。整个过程是很痛苦的，需要耐心和细心。在这期间，我想过中途放弃，但是心有不甘，咬咬牙就坚持下来了。最后，在我不懈地努力下，毛线兔终于完工了
成果有哪些	我把它交到室友的手中，看着它可爱的模样，我心中涌起了难以言喻的成就感、喜悦感和满足感

有的面试官会有这样的疑问，编织毛线兔是否为求职者在校期间"最"有成就感的事情？对成就感的理解往往因人而异，但多数人认同只要从中获得了满足、喜悦和自豪感，便无可厚非。在同学面前，或者与家人和朋友聊天的时候，张同学完全可以把编织毛线兔的事情作为最有成就感的典型例子进行分享。然而，在面试的场合下，为了贴合"最有成就感"这个题目的需要，建议求职者选择从考试成绩、考取证书、参加比赛、参加社会活动或者实习工作等角度回答问题，这样可能会更吸引面试官的关注。

案例 2

上大学三年级的时候,在暑假期间,我与其他几位同学一起去云南某地支教。这件事情让我非常有成就感。支教的地方在云南的贫困县,比较偏僻,当地需要大学生做志愿者。我们一行几人从北京出发,坐火车到昆明,为了节省路费,买了比较便宜的绿皮火车,这一路上三十多个小时比较辛苦。下了火车后,走了很远的路才到学校。当时云南的天气比较闷热,到了目的地之后我们感觉水土不服。不过这些困难都可以克服,就是晚上睡觉的时候很难适应。当地蚊虫特别多,其中有些有毒的昆虫我们只在教科书里见过。清晨一觉醒来,蚊帐外面就会有厚厚的、大大小小的、认识或不认识的死昆虫。作为一个女生,见到这些确实有点崩溃,但是一想到支教的意义,看到大山里孩子们的笑脸,这些又不算什么了。一个月的支教中,我和小伙伴们谁也没有说苦,谁也没有说累,都坚持了下来。这是让我感觉到最有成就感的一件事情。

分析

这个例子属于有成就感的事例。她描述了事件的"时间、地点、人物、起因、经过、结果",也谈到了支教过程中遇到的种种困难，比如路途崎岖、天气闷热、水土不服、蚊虫叮咬等。但是，能体现"有成就感"的描述不够详细，比如她是如何克服上述困难以及获得了哪些提升和成长（即有哪些成果）。以下是对回答内容的整理及建议，见表2-3。

表2-3 回答内容的整理及建议

重点		回答内容	建议
困难是什么	路途遥远	我们一行几人从北京出发，坐火车到昆明，为了节省路费，买了比较便宜的绿皮火车，这一路上三十多个小时比较辛苦。下了火车后，走了很远的路才到学校	无
	水土不服	当时云南的天气比较闷热，到了目的地之后我们感觉水土不服	需要描述水土不服的细节
	蚊虫特多	当地蚊虫特别多，其中有些有毒的昆虫我们只在教科书里见过。清晨一觉醒来，蚊帐外面就会有厚厚的、大大小小的、认识或不认识的死昆虫	无
如何坚持如何努力		一个月的支教中，我和小伙伴们谁也没有说苦，谁也没有说累，都坚持了下来	需要描述克服困难的细节
成果有哪些		（此部分内容缺失）	需要补充完整

案例 3

说到最有成就感的事，得从我实习的时候说起。去年我在某银行一网点实习的时候，领导给我的任务是在一个星期内完成一个贵宾台账。完成这个贵宾台账要用到 Excel 表，那时候我使用 Excel 不太娴熟，而我又想给领导展现一个特别好的 Excel 表。我是这样计划的，在完成日常工作之余，在一周内把 Excel 技巧学好。虽然在校期间，我曾学习过如何使用 Excel，但是我掌握的都是很初级的功能。然而完成这个贵宾台账需要使用高级的 Excel 功能，如数据筛选与排序、数据透视表、用于数据分析和处理的 VLOOKUP 和 SUMIF 函数、数据连接与外部数据导入，等等。我也尝试过向身边人请教或者查阅相关书籍，但是学习效果不理想。我意识到必须要上机实操和演练才会有效果。之后每天下班回到宿舍，我坚持花两个多小时的时间一边翻看 Excel 教学资料，一边在电脑上操作。记得在前两个晚上，我怎么都学不进去，感觉 Excel 的高级函数很难懂而且很枯燥，我很想放弃。舍友建议我可以从网上搜寻 Excel 的视频教材由浅入深地学习，如果实在学不会了，还可以上班的时候请教有经验的同事。我听取了他的建议，感觉很有效果。比如在一个 Excel 的学习群里，我收集到十几个 Excel 的学习视频。在视频中，我可以非常详细地了解如何一步一步使用这些高级函数，即使有些内容我还是看不懂，还可以在学习群里向 Excel 高手请教。终于在一个星期之后,我通过看视频、结合书本练习和向他人请教掌握了 Excel 高级函数的使用技巧,并结合领导给我的资料整合了一个高质量的 Excel 表。领导看到结果很满意,还特意在晨会的时候当众表扬了我。

分析

这个同学的回答很符合"在校期间最有成就感的一件事"的考查要求。首先,这个事例具备完整的"时间、地点、人物、起因、经过、结果"的叙事逻辑。其次,他不但清晰地阐述遇到了哪些困难和挑战,而且详细地说明了如何克服。最后,从这个事例可以看到这个同学获得了满满的成就感,即通过"努力""坚持""勇于面对""有始有终",赢得了他人的认可,也获得了自身能力的提升。具体描述见表2-4。

表2-4 突出成就感的具体描述

突出成就感的重点	具体描述
困难是什么	在一个星期内完成一个贵宾台账
	Excel 技术不太娴熟,完成这个贵宾台账需要使用高级的 Excel 功能
如何坚持,如何努力	之后每天下班回到宿舍,我坚持花两个多小时的时间一边翻看 Excel 教学资料,一边在电脑上操作。

续表

突出成就感的重点	具体描述
如何坚持，如何努力	记得在前两个晚上，我怎么都学不进去，感觉Excel的高级函数很难懂而且很枯燥，我很想放弃。舍友建议我可以从网上搜寻Excel的视频教材由浅入深地学习，如果实在学不会了，还可以上班的时候请教有经验的同事。我听取了他的建议，感觉很有效果。比如在一个Excel的学习群里，我收集到十几个Excel的学习视频。在视频中，我可以非常详细地了解如何一步一步使用这些高级函数，即使有些内容我还是看不懂，还可以在学习群里向Excel高手请教
成果有哪些	终于在一个星期之后，我通过看视频、结合书本练习和向他人请教掌握了Excel高级函数的使用技巧，并结合领导给我的资料整合了一个高质量的Excel表。领导看到结果很满意，还特意在晨会的时候当众表扬了我

求职小贴士

建议最好结合学习经历或者实习经历，详细且深入地阐述如何一步一步地获得成就感。为了增强说服力，求职者可以参照"困难是什么 + 如何坚持、如何努力 + 成果有哪些"的逻辑来描述事例。

第三节
最有挫败感的一件事

一、问题考点

挫败感是指由于遭遇挫折、失败而产生的失望、失落、沮丧、无助的情感体验。对于学生而言,挫败感的经历可能因为考试成绩不理想、比赛失利、竞选落败、被同学误解、被老师或领导批评、实习期间被客户投诉、工作任务完不成、找工作不顺利等。

面试官为什么会提问求职者"最有挫败感的经历"?

一方面,如果求职者愿意并敢于分享失败或者挫折的经历,说明他们比较坦诚和自信。另一方面,面试官会重点关注求职者经历了什么,是否从挫折中走出来以及是否会从中获得成长,比如提升心理素质和抗压能力,或者心智更加成熟,等等。

"最有挫败感的经历"这个问题与绩效预测有何关系?

一方面,这个问题有助于预测求职者对未来工作的适应能力。离开校园,步入职场,大学生都要经历一个适应过程。他们要适应全新的工作环境,接受工作挑战以及处理人际关系等。在这期间,他们或多或少会遇到挫折和失败。那些心理素质比较好,抗压能力比较强,自信且乐观的求职者通常适应能力更强,从而能够更好地应对新环境的挑战。

另一方面,在校招面试环节,面试官会考查学生的"逆商",即他们面对逆境时的应对方式,以及面对挫折、摆脱困境和战胜困难的能力。失败或者挫败经历并不可怕,可怕的是求职者不知道为什么失败。那些能做到"吃一堑,长一智"或者善于总结经验和教训的求职者往往更受面试官的青睐。

二、回答策略

如何回答"最有挫败感的经历",请看张同学的面试回答。

案例

说到给我带来挫败感的一件事情,就是大二我竞选班长落选的经历。

大一的时候,我担任班长。按照班级规定,每年都要重新选一次班长。当时,我原以为能够顺利当选,没想到以失败告终。落选后,我情绪很低落,对老师和同学都有些意见。后来,老师找我谈心,建议我思考一下落选的原因。我的竞争对手李同学是高票当选,这说明同学们很愿意选举他当班长。我和他的差距在什么地方?回想在大一的时候,我的时间都放在了学习上,对于开展班级工作不是很积极。虽然我的学习成绩名列前茅,但是与同学之间的合作和沟通以及在举办和组织一些活动的时候,我不是很用心。这让我反思,只有学习成绩才是最重要的吗?除了学习成绩还有没有其他东西也很重要?作为班长我是否称职呢?因此我做了一些调整,在保证学习成绩的前提下,更加积极地参加班集体活动,并且带头组织同学们举办迎新晚会、歌唱比赛、辩论大赛,等等。逐渐地,我改变了自己在老师和同学心目中的印象,最主要的是我没有把竞选班长当作是唯一的目标,而是把全面提升自身素质当作主要的目标,这种观念的转变让我收获很大。

分析

我们尝试从以下六个方面分析张同学的事例。

第一,挫败感的经历是什么?

他竞选班长并期望连任,结果落选的经历。

第二,这种挫折经历是一种什么滋味?或者说有什么心理感受?

他情绪很低落,对老师和同学都有些意见。

第三,发生这种事情的原因是什么?

在大一的时候,张同学的时间都放在了学习上,对于开展班级工作不是很积极。虽然学习成绩名列前茅,但是与同学之间的合作和沟通以及在举办和组织一些活动的时候,他不是很用心。

第四，这件事情对张同学的教训是什么？或者从中得到哪些经验或反思？

他做了一系列的反思：只有学习成绩才是最重要的吗？除了学习成绩还有没有其他东西也很重要？作为班长自己是否称职？

第五，张同学做了哪些改变或者采取了哪些积极的行动？

他更加积极地参加班集体的活动，并且带头组织同学们举办迎新晚会、歌唱比赛、辩论大赛，等等。逐渐地，他改变了自己在老师和同学心目中的印象。

第六，从竞选失利中张同学获得了哪些提升或者成长？

最主要的是没有把竞选班长当作是唯一的目标，而是把全面提升自身素质当作主要目标，这种观念的转变让张同学收获很大。

综上所述，一个完整的"有挫败感的经历"应当包括以下内容。

- 挫败感的经历是什么？
- 当时心情如何？有哪些心理感受？
- 是什么原因导致的失败或者挫折？
- 从中有哪些觉察、反思、反省或者总结？
- 之后采取了哪些积极的行动来改变现状？
- 最终获得了哪些提升或者成长？

在众多的挫败经历中，求职者可以参考上述张同学案例的叙事逻辑，从而抓住"最有挫败感的经历"这一问题的回答要点。

有些求职者询问能否列举在个人情感方面的失败经历？答案

是：不可以！在回答有成就感或者挫败感的问题的时候，不建议求职者列举个人婚恋方面的事例。

求职小贴士

> 失败或者挫折的经历并不可怕，可怕的是没有经验总结，没有反思教训，没有采取积极行动改变现状。那些具备较好的心理素质和抗压能力的求职者对未来工作的适应能力会更强。

第四节
为什么能胜任这个岗位

一、问题考点

"你能胜任这个岗位吗？说说为什么能胜任这个岗位？"在回答此类问题的时候，虽然很多求职者给出了正面回答，但是得分并不高。这说明他们没有抓住回答这个问题的关键点。这类问题主要体现以下两个考点。

第一,"是否胜任岗位"来源于求职者对所应聘岗位的了解。每个招聘岗位都有相关说明,英文叫作 JD (job description,岗位职责说明)。在岗位职责说明中,企业会明确提出胜任岗位所需要的各项要求,如学历、专业、技能、知识、经验等。在回答问题时,求职者需要结合岗位职责进行说明,而不是仅仅回答"我能"。

第二,这个问题还考查求职者的自我认知能力及求职意愿。自我认知是求职者对自己现有能力素质的客观认知,也包括对自己优、缺点的认知等。在充分认识自身条件的情况下,求职者会对自己能否胜任所应聘岗位有比较客观的评判。此外,求职意愿比较强的求职者会特别珍惜面试机会,对于"你能胜任这个岗位吗"这种常见的面试问题,他们会提前准备,而不是"打无准备之仗"。

二、回答策略

如何回答这个问题,请看高同学的面试案例。

案例

岗位名称: 客服助理

岗位职责

1. 负责售前及售后订单处理及审核工作。

2. 负责接听客服热线,解答客户咨询,做好销售事件记录及相关材料整理工作。

3. 对于突发和异常情况及时向上汇报，同时积极配合上级处理各类客户投诉。

任职要求

1. 大专及以上学历。

2. 工作经验不限，如有电话客服/电话销售工作经验优先考虑。

3. 普通话清晰流利，具有良好的逻辑思维能力和沟通技巧，具有良好的团队协作能力和客户服务意识。

参加面试之前，高同学分析了客服岗位的相关要求，并梳理了如下内容，见表 2-5。

表 2-5 客服助理胜任能力要求

岗位要求	胜任能力具体要求
学历要求	大专及以上学历
专业要求	无
技能要求	普通话清晰流利 + 逻辑思维 + 沟通技巧
知识要求	无
经验要求	电话客服/电话销售工作经验优先考虑
职业素养	团队合作 + 客户服务意识

客服助理岗位对学历、专业和知识的要求并不高，但是对技能、经验和职业素养有明确的要求。因此，高同学需要针对岗位要求，客观分析自身的优势和不足，通过举例证明自己的能力以应对面试官的提问。以下是高同学与面试官的对话。

面试官:"你能胜任这个岗位吗?说说为什么能胜任这个岗位?"

高同学:"面试官好,我相信自己能够胜任客服助理岗位。该岗位对候选人的学历、技能、经验和职业素养都提出了明确要求。结合自身的条件,我举例说明我为什么能够胜任这个岗位。首先,我具备很好的团队合作与服务意识,在校期间我主动协助老师和同学开展工作,是他们的得力帮手。另外,在校外活动中,我曾经做过志愿者并参加过社会公益活动,如去敬老院和孤儿院做义工。在上述经历中,我很好地锻炼了自己的服务意识。其次,我基本具备了该岗位的技能要求。在校期间我考取了普通话二级甲等证书,我可以做到清晰流利地表达。我参加过学校组织的辩论大赛,在辩论活动中锻炼了我的逻辑思维能力和沟通技巧。最后,该岗位希望候选人具有电话客服或者电话销售的工作经验,这一点我的确不具备。我了解到电话销售工作需要候选人有应变能力和抗压能力,这些都是在实干当中锻炼出来的心理素质。从大一到大四的寒、暑假期间,我参加了不少社会实践,从中很好地锻炼了自己随机应变和抗压能力。综上所述,我相信自己能够胜任客服助理岗位。"

分析

高同学给出了非常好的回答。她没有空谈"我能",而是通过举例证明"我可以"。针对客服助理岗位的要求,高同学给出了比较详细的回答。现将她的回答内容整理如下,见表 2-6。

表 2-6　高同学自身条件与岗位要求比较

客服助理胜任能力要求	高同学自身条件
团队合作＋客户服务意识	在校期间主动协助老师和同学开展工作,是他们的得力帮手;曾经做过志愿者并参加过社会公益活动,如去敬老院和孤儿院做义工
普通话清晰流利＋逻辑思维＋沟通技巧	考取了普通话二级甲等证书,可以做到清晰流利地表达;参加过学校组织的辩论大赛,在辩论活动中锻炼了逻辑思维能力和沟通技巧
电话客服/电话销售工作经验优先考虑	尚不具备,但是在寒、暑假期间,参加了不少社会实践,具备一定的应变能力和抗压能力

高同学的案例再次证明,提前准备面试问题是多么的重要!通过事先对比岗位要求和自身条件,求职者可以给出有针对性的回答。因为回答内容很有针对性,求职者可以赢得面试官的重视或者青睐,这将有助于获得录用机会。此外,求职者还需要注意如下事项:

- 面试中保持自信、乐观、果断的态度;
- 多准备一些符合岗位要求的具体事例。

求职小贴士

"你能胜任这个岗位吗",这个问题不仅要求求职者给出肯定的回答,还需要求职者针对所应聘岗位的要求,尽可能给出有说服力的事实依据。

第五节
你能否适应加班的要求

一、问题考点

在校招中,"能否适应加班"或者"对于加班怎么看"是常见的面试问题。面试官为什么会提问此类问题?主要有以下三个原因:首先,有些岗位的工作内容很有挑战性,加班或者出差都是经常的事情;其次,有些岗位的工作时间比较特殊,比如有夜班的安排,或者节假日经常加班;最后,"能否适应加班"或者"对于加班怎么看"能反映候选人的抗压能力和职业态度。

总结一下,关于"加班"的问题有如下考点。

- 考查抗压和适应能力。
- 考查求职意愿。
- 考查职业态度。

此外,"能否适应加班"或者"对于加班怎么看"也能反映求职者是否具备吃苦耐劳的特点。

被问到"能否适应加班"的问题,不排除有的求职者会给出否定的回答,如"我不接受加班""我不想加班""我恐怕适应不了加班""我选择朝九晚五的工作"等。越来越多的求职者不接受企业提出的加班要求,一方面要尊重这些求职者的选择,因为他们表达了自己真实的想法,没有撒谎;另一方面,因为面试是双向选择的过程,当这些求职者给出否定的回答时,基本上也就放弃了求职机会。

二、回答策略

虽然绝大多数求职者可以接受加班的要求,但是不代表他们在回答这一问题的时候会得高分。因此在表明可以接受加班的同时,求职者还需要向面试官举例证明自己确实能够适应加班。如何回答关于加班的问题,请看余同学的面试案例。

案例1

面试官:"你能否适应这个岗位对加班的要求?"

余同学:"面试官,我可以适应。虽然还没有正式的工作经历,但是在参与一些活动的过程中,我提升了抗压和适应能力。第一,在参加高教杯先进成图大赛的时候,在关键阶段,为了赶进度,我熬夜制图,焊接电路板也是常有的事。因为不能耽误白天上课学习,我只能挤出晚上时间练习焊接电路板,有时还需要连续几天熬夜掌握建模知识。第二,在协助导师从事课题研究的时候,因为时间紧张和工作繁重,也出现过连续几天加班赶进度的情况。第三,在实习的时候,我需要一边学习一边实践,领导和同事不可能事事都关照我,因此我经常在下班后晚走一个小时,通过查找资料和反复练习逐渐掌握各种仪器设备的操作方法。综上所述,在参加比赛、课题项目和实习工作的时候,我都有过加班经历,在顶住学习和工作压力的情况下,收获了个人能力的提升以及身边人对我的认可。"

分析

余同学向面试官表明可以适应加班的要求,并列举了三个事例,分别是:第一,参加比赛,白天学习,晚上练习比赛技能;第二,参加课题研究,连续几天加班赶进度;第三,实习的时候经常晚下班一小时,学习操作各种仪器。以上事例增强了回答此问题的说服力,有力地证明了余同学具备较好的抗压和适应能力。

对于回答"能否适应这个岗位对加班的要求",求职者可以结合以下经历进行阐述。

- 参加竞赛和比赛的加班经历。
- 参与课题研究和学习项目的加班经历。
- 组织或参与校内、校外各项活动的加班经历。
- 实习期间的加班经历,如果实习加班比较多,可以多举例。

案例2

面试官:"对于加班你怎么看"?

韩同学:"我的观点是:刚刚参加工作,一定会有加班的情况,应积极主动地迎接工作挑战。此外,如果想少加班或者不加班,就要不断提升自身能力素质,从而提高工作效率。某些人对加班持抱怨和排斥的态度,我并不主张也不支持。"

面试官:"你为什么会有这样的看法?"

韩同学:"这与我对自己的要求和做事的态度有关。为了将来更好地择业和就业,在校期间除了完成学业外,还需要全面提升自己。职场对学生的要求不仅仅是有好的学习成绩,还需要具备综合能力,比如主动学习、抗挫能力、抗压能力、责任心等。因此,在校期间,通过参加各项活动,参与专业类的比赛和实习,我锻炼了自己的适应能力和抗压能力。举个例子,在实习的时候,我需要使用Office办公软件,尤其是Excel的高级功能。因为我使用Excel的水平不高,不得不经常请教身边的同事,这不仅耽误时间而且工作质量也不高，导致下班的时候完不成任务，还被领导批评。为此，下班之后，我通过自学和反复练习来掌握 Excel 技巧。当我熟练掌握 Excel 技巧后，工作效率大大提升，工作成果越来越好，也就不需要加班了。当然，领导也会给我安排新的工作任务，需要我掌握更多的知识和技能，因此加班的情况也会有。此时我的心理素质比之前学习 Excel 的时候好太多了。我能明显感受到自己的适应能力和抗压能力提升了。"

分析

"对于加班怎么看？"为了增强说服力，求职者需要结合在校期间的经历给出回答。韩同学的上述回答反映了她对加班这件事的态度，内容有理有据，非常真实，具体分析见表 2-7。

表 2-7　韩同学回答内容分析

分析角度	韩同学的回答
求职者的态度	刚刚参加工作，一定会有加班的情况，应积极主动地迎接工作挑战。此外，如果想少加班或者不加班，就要不断提升自身能力素质，从而提高工作效率。某些人对加班持抱怨和排斥的态度，我并不主张也不支持

续表

分析角度	韩同学的回答	
加班的事例	在实习的时候,我需要使用Office办公软件,尤其是Excel的高级功能。因为我使用Excel的水平不高,不得不经常请教身边的同事,这不仅耽误时间而且工作质量也不高,导致下班的时候完不成任务,还被领导批评。为此,下班之后,我通过自学和反复练习来掌握Excel技巧。当我熟练掌握Excel技巧后,工作效率大大提升,工作成果越来越好,也就不需要加班了	
加班的收获	获得能力提升	当我熟练掌握Excel技巧后,工作效率大大提升,工作成果越来越好,也就不需要加班了
	获得思想提升	此时我的心理素质比之前学习Excel的时候好太多了。我能明显感受到自己的适应能力和抗压能力提升了

那些在校期间有过深刻的加班经历,而且能从中获得思想和能力提升的求职者,在回答此类问题的时候,往往得分比较高。

需要特别说明,关于能否加班的问题,求职者不一定一上来就给出肯定的回答。为了客观评估自己是否接受加班的要求,求职者可以提问:"请教面试官,该岗位具体的加班情况可否解释一下?"多数企业的面试官会详细解释这个岗位的加班情况。根据面试官提供的信息,求职者再评判能否接受加班的要求。

 **求职小贴士**

如果想让面试官相信你能接受加班,最好的方法就是举例子,而且要选择能够证明你主动学习、不怕吃苦或者有责任感的事例。

第六节
在实习工作中有哪些收获

一、问题考点

"在实习工作中有哪些收获"是典型的"绩效预测"类的面试问题。通过这个问题,面试官可以了解到以下内容。

- 实习期间,求职者都做了什么。
- 实习期间求职者的表现有何亮点。
- 实习期间求职者是否有提升和成长。
- 对求职者的表现,实习单位有何评价。

关于实习中的收获，面试官会重点关注以下内容。

第一，求职者的叙事能力，能否有重点、有条理地表述在实习工作中的经历和收获。

第二，实习中获得的知识、技能、经验等是否有助于求职者完成未来的工作和任务。

上述第二点是面试官更为关注的内容，求职者最好能结合应聘岗位的要求重点描述过往实习经历的内容和收获。然而有不少求职者忽视所应聘岗位的要求，虽然他们说了很多实习经历，但多数经历不是面试官感兴趣的，因此得分并不高。

二、回答策略

如何回答关于实习的经历和收获，请看丁同学的面试案例。

案例1

某公司招聘销售岗位，岗位职责如下。

职责描述

1. 通过直播平台树立店铺品牌的良好形象。

2. 协助店铺主管完成店铺产品的推广及宣传。

3. 与网友互动，引导粉丝购买推荐的商品。

4. 定期策划与组织各种促销活动，增加店铺粉丝数量，提升粉丝黏性。

任职要求

1. 有客服经验或长期关注淘宝直播者优先。
2. 有亲和力、沟通和表达能力。
3. 具有良好的团队意识。

在校期间,丁同学恰好有与销售相关的实习经历。为了获得这个机会,他做了比较充分的准备。丁同学认真分析了销售岗位的各项要求,见表2-8。

表2-8 销售岗位胜任能力要求

销售岗位要求	胜任能力具体要求
技能要求	与网友互动和引导的技巧
经验要求	产品推广和宣传经验
	促销活动策划和组织经验
	客服经验
	长期关注淘宝直播
职业素养	团队意识、亲和力、沟通和表达能力

在此基础上,丁同学将自己的实习经历与所应聘岗位的要求进行对比,他打算重点突出公司关注的内容,比如产品推广和宣传、活动策划和组织、直播经验、客服经验、沟通能力、团队意识等。以下是他和面试官的对话。

面试官:"丁同学,你有过销售的实习工作经历吗?"
丁同学:"面试官,我有过。"

面试官:"说说这个实习经历和从中的收获。"

丁同学:"在大三暑假期间,我曾经在一家办公用品经销公司做过销售助理的工作。一开始,我的工作内容是协助销售经理整理客户资料、跟进销售进度、收集竞品信息。因为工作表现良好,上级给我安排了更有挑战性的工作。我参与了为期一周的线下产品促销活动的策划和推广项目。我的工作任务是负责记录和整理策划方案,筹备促销活动所需的各种物料,以及沟通联络参与此次活动的相关人士。在促销活动当天,我还参与了现场活动的组织工作,协助上级完成活动计划的落地和人力、物力的调配工作。此段经历丰富了我在产品推广上的策划、宣传、组织等方面的经验。这个任务结束后,销售经理带我前往天津和石家庄拜访了当地的多家客户。这是一次非常实战的客户服务经历。在此过程中,我认真学习了如何与客户沟通,如何向客户推广新产品和维护客户关系的知识和技巧。之后,公司安排我在市场部工作,我切切实实地体验了线上直播带货。虽然这段经历时间较短,但是我学会了如何策划和准备一场直播活动,并且认识到直播团队之间相互协作的重要性。实习期结束后,公司领导对我的评价也非常高。为此我有信心胜任贵公司的销售岗位。"

分析

丁同学回答问题的时候,重点描述了以下三段经历。

- 参与产品促销活动的策划和推广。
- 客户拜访和客户服务的经历。
- 直播策划和直播带货的经历。

丁同学的实习经历与销售岗位的胜任能力要求匹配情况见表 2-9。

表 2-9 丁同学的实习经历与销售岗位匹配情况

销售岗位胜任能力要求		丁同学的实习经历和收获
技能要求	与网友互动和引导的技巧	■ 产品促销活动的策划和推广 我的工作任务是负责记录和整理策划方案,筹备促销活动所需的各种物料,以及沟通联络参与此次活动的相关人士。在促销活动当天,我还参与了现场活动的组织工作,协助上级完成活动计划的落地和人力、物力的调配工作。此段经历丰富了我在产品推广上的策划、宣传、组织等方面的经验。 ■ 客户拜访和客户服务的经历 销售经理带我前往天津和石家庄拜访了当地的多家客户。这是一次非常实战的客户
经验要求	【√】产品推广和宣传经验	
	【√】促销活动策划和组织经验	
	【√】客服经验	
	【√】长期关注淘宝直播	

续表

销售岗位胜任能力要求		丁同学的实习经历和收获
职业素养	【√】团队意识、亲和力、沟通和表达能力	服务经历。在此过程中，我认真学习了如何与客户沟通，如何向客户推广新产品和维护客户关系的知识和技巧 ■ 直播策划和直播带货的经历 我切切实实地体验了线上直播带货，我学会了如何策划和准备一场直播活动，并且认识到直播团队之间相互协作的重要性

注：【√】指的是该能力项在丁同学的回答里有所提及

求职者尽可能结合应聘岗位要求，有针对性地举例，并突出那些有助于他胜任未来岗位的收获。在这个案例中，针对销售岗位胜任能力要求，丁同学精准地列举了与之相关的收获，包括知识、技能和经验等，这都有助于他获得工作机会。

案例2

某公司招聘项目助理岗位，对该岗位的胜任能力提出了如下要求：

1. 具备较强的沟通能力、执行能力、学习能力与抗压能力。
2. 具备较强的书面表达能力。
3. 善于倾听，做事严谨细致。

秦同学应聘项目助理岗位。他结合所应聘岗位的要求，回答内容如下。

暑假期间，我在某房地产公司实习。当时我在项目事务组工作，主要协助项目经理处理一些文档资料、会议安排等事务性工作。我记得刚进公司的时候，项目经理就安排给我了一个急活，这个任务要求用半天时间出一份月报，月报内容应包含本月的项目信息，项目进展情况等。这个任务对我的挑战有三个方面：一是我当时不会PS等排版工具；二是刚进公司我对项目情况不了解；三是时间比较紧张，我只有半天时间完成这个任务。接到任务后，我是这样做的。首先，寻找月报排版工具，我发现PS这个软件不容易快速上手，就果断排除这个工具。然后，我询问了身边朋友以及通过上网搜索，发现PPT易学易用，确定使用PPT来排版做月报。其次，我与项目经理沟通，详细了解她对月报的整体要求，并向经理确定了一些细节问题以确保我做的月报是她想要的。最后，经过多次修改，送交经理审核，根据反馈意见再修改，我在规定的时间内完成了月报的工作，并得到了公司总监的夸奖。

分析

秦同学回答问题的时候，重点描述了以下内容。

- 有执行能力：在限定时间内，高效完成出月报的任务。
- 有沟通能力：主动与项目经理沟通，了解经理需求。

- 有学习能力：使用 PPT 在较短时间内完成出月报工作。
- 有抗压能力：在压力情况下（"急活""半天""反复修改"），最终完成任务。

针对岗位要求，秦同学结合自身的实习经历给出与之相关的信息，这有助于他获得工作机会。

综上所述，有关实习的问题是面试中的必考题，因此建议求职者：

- 在校期间，在时间和精力允许的情况下，尽可能早一些寻找实习机会；
- 实习经历并不是越多越好，最好选择与专业对口的实习机会；
- 每一份实习工作的时间避免过短，一个月以上为宜；
- 实习结束时，最好获得实习单位的评价，如推荐信等。

求职小贴士

> 面试官希望从求职者过往的实习经历中发现与招聘岗位要求相关的"亮点"。所以，求职者尽可能结合岗位要求描述过往的经历和收获，重点突出那些与岗位要求相关的内容。

第七节
你可以为企业带来哪些价值

一、问题考点

这是一组教练和球员甲的对话。

教练:"足球踢得怎么样?"

球员甲:"还不错。我的体能很好,带球和过人技术娴熟,赛场经验丰富。"

教练:"你能为我的球队提供什么价值?"

球员甲:"我能与其他球员打配合,也能防守反击。我可以为球队贡献自己多年的赛场经验。"

教练:"最近一个月,你打过几场正式比赛?"

球员甲:"打过四场,平均一周一场。"

教练:"进球了吗?或者有助攻吗?进了几个球?"

球员甲:"我自己进了一个球,平均每场比赛,好像有两次或三次助攻。"

……

教练问"踢得怎么样",其实他关注的是:球员甲的进球能力如何，他能不能为球队获胜贡献进球。所以球员甲所说的"体能""带球和过人技术""赛场经验""打配合""防守反击"等代表了球员所具备的能力而不是教练需要的"价值"。一个有价值的球员不仅仅具备出色的踢球技术和赛场经验，更重要的是能在赛场上为球队获胜贡献进球。他可以协助其他球员进球或者阻挡对方进球，也可以直接进球。以上表现都是为球队提供的"价值"。

接下来，通过一个面试案例说明工作能力与工作价值的区别。

案例1

面试官："林同学，你可以为这个岗位带来哪些价值？"

林同学："面试官，这个岗位需要较好的执行能力和抗压能力，我都具备。"

面试官："执行能力和抗压能力是岗位需要的工作能力，具体说说你能带来什么价值？"

林同学："在校期间，老师安排的事情我都能很好地完成，这可以证明我的执行力很强。此外，我曾经担任班长一职，组织过不少班级活动，这锻炼了我的抗压能力。因此我认为我能胜任所应聘的岗位。"

面试官："我相信在校期间的经历锻炼了你的执行和

抗压能力，但是在未来工作中，你能为我们提供什么价值呢？"

林同学："让我再想想……"

分析

在上述对话中，面试官反复强调的是"价值"二字，而林同学回答的重点是执行能力和抗压能力。看得出面试官对林同学的回答并不满意，其原因可能是林同学没有理解面试官所说的"价值"的含义或者误以为工作能力就等同于价值。

什么是工作能力？工作能力泛指完成工作计划和任务所需要的知识、技能、经验、优势和特长等。什么是工作价值？工作价值即工作成果，是员工在岗位上通过自身能力和工作表现为企业或者组织提供的有价值的结果。在教练和球员甲的案例中，虽然球员甲具备体能好，娴熟的带球和过人技术，擅长打配合与丰富的赛场经验等，但这些都代表他踢球的能力很好，球员甲还需要进一步说明他如何通过上述能力为球队进球，这才是教练需要的"价值"！

由此可见林同学并没有直接回应面试官提问的"价值"。林同学需要进一步说明如何通过执行能力和抗压能力为所应聘的岗位提供成果，这才是面试官关注的重点。

在面试现场，很多求职者强调自己熟悉Word、Excel、PPT、ERP、Python、SPSS、Photoshop等软件，但是在工作中，"我会Excel"

与"我能用 Excel 完成工作任务"是两种含义。有些求职者已考取普通话等级证书、计算机能力证书、英语等级证书,或者人力资源类、财务会计类、项目管理和工程技术类等证书,可是具备某某证书或者资质不一定代表他们能提供企业所需要的"工作价值"。

王同学考试成绩优异,受到老师的表扬。但是"学习能力好"是否代表能为企业创造价值?李同学担任过班长,在老师和同学心目中的人缘很好。但是,"人际关系好"是否代表能为企业创造价值?刘同学做事情细心、严谨、细致,但是这是企业需要的价值吗?面试官希望听到求职者能为企业带来哪些"成果",为企业创造哪些"收益"。因此,求职者应避免空谈优点、特点、会做什么、未来想做什么等,要尽可能把自身的优势、特长、特点转化成面试官听得懂的有价值的"成果"或者"收益"。

综上所述,"你能为企业提供什么价值"这个问题,面试官主要想判别求职者是否具备岗位所需要的真实能力。

二、回答策略

以下都是同一类问题。

- 你能为这个岗位带来哪些价值?
- 你可以为企业提供什么价值?
- 给面试官说说选择你的理由?

如何回答此类问题,请看陶同学的面试案例。

案例2

陶同学应聘的是平面设计岗位,她是这样回答的。

面试官,接下来我想从专业背景、实习经历和性格特点三方面来阐述可以为企业提供哪些价值。首先,我所学的专业是美术设计,在校期间,我努力学习,成绩优秀,专业课成绩排名靠前。因为我的基本功比较扎实而且自学能力比较强,这为我快速适应岗位工作要求打下了坚实的专业基础,也为企业节约了培训成本。其次,我有过一段美术设计的实习经历,在实习期间,我有机会深入学习和运用CAD和Photoshop工具。这一经历提升了我学以致用的能力,我可以把实习期间学到的技能运用到未来的工作中,说不定还可以帮助身边的同事。最后,我的性格特点是严谨、细致和有责任心,能够高效、精准地完成平面设计工作,以确保交付给领导或者客户的作品是高质量的,甚至是超越客户的预期的。

分析

陶同学能为企业提供哪些价值?具体分析见表2-10。

表 2-10　陶同学可以提供的价值

我拥有什么	提供哪些价值	成果或收益关键词
专业背景：美术设计，专业成绩优秀	为快速适应岗位工作要求打下坚实的专业基础，也为企业节约了培训成本	节约培训成本
实习经历：学习 CAD 和 Photoshop 工具	把实习期间学到的技能运用到未来的工作中，还可以帮助身边的同事	帮助身边同事
性格特点：严谨、细致、有责任心	能够高效、精准地完成平面设计工作，以确保交付给领导或者客户的作品是高质量的，甚至是超越客户的预期的	提交高质量的作品，超越客户预期

　　陶同学回答的亮点是她不但阐述了自己的优势，比如美术专业、掌握 CAD 和 Photoshop 工具、工作严谨等，而且进一步说明自己的优势能为这个岗位提供什么样的工作价值。由此可见，从"我拥有什么"到"我能为企业、岗位或者团队创造什么价值"，这种思维方式的转变会明显提升回答问题的质量。

　　在面试现场，具备"能为企业创造什么价值"思维方式的求职者往往会受到面试官的青睐。很多求职者一味地强调"我能为企业做什么"。其实"能为企业做什么"与"能为企业创造什么价值"是两种不同的思维方式，这两种思维方式会导致差异明显的行为方式，最终的结果也会显著不同。举一个例子，为了拓展客户资源，销售人员每天需要拨打30通电话,将上述两种思维方式进行对比,见表2-11。

表2-11 两种思维方式对比

"能为企业做什么"的思维方式	"能为企业创造什么价值"的思维方式
每天我可以拨打至少30通客户电话,领导就是这样要求的,我能确保不少打、不漏打一个电话……	这个月实现业绩目标还需要成交20个客户,平均每周需要有至少5个客户成交,所以周一至周五,每天都要成交1个客户。为了确保每天都有1次成功的电话销售,我要思考如何打好每一通电话……
这种思维方式重点是:我能为企业打客户电话,并做到不少打、不漏打一个电话	这种思维方式重点是:为了实现业绩目标,需要月增20个客户,为此我会思考如何打好每个客户电话

通过对比这两种思维方式可以发现:具备"能为企业创造什么价值"思维方式的员工对自身有更高的要求,他们有着非常明确的目标,其目的并不仅限于每天拨打30通电话,而是在拨打电话的过程中实现有价值的成果。

求职小贴士

往往求职者都是"我拥有什么"或者"能为企业做什么"的思维方式,然而企业更多关注"能为企业创造什么价值",因此求职者需要转变思维方式。

第八节
最喜欢和最不喜欢哪类老师

一、问题考点

校招中,常常会碰到以下这样的问题。

- 你喜欢哪种类型的老师?
- 你不喜欢哪种类型的老师?
- 小学、初中、高中或大学期间,有没有遇到过喜欢的老师?有没有遇到过不喜欢的老师?

被问到此类问题,很多同学会纳闷:"这跟面试有什么关系?"因为没有事先准备,不少同学就随意回答。关于喜欢和不喜欢的老师,这个问题背后的考点是什么呢?

一方面,面试官想了解求职者心目中喜欢的老师类型,还想了解他们不喜欢的老师类型。对于"不喜欢的老师",看求职者敢不敢、愿不愿说出自己真实的想法。

另一方面,"老师"和"领导"对于求职者而言有着相似的意义,即二者都代表了"权威"。从小到大,在学校里面,"老师"对学生的言行举止负责,对学生的表现有表扬和批评;在职场中,"领导"或者"主管"对员工的言行举止负责,对他们的表现有考核和奖惩。因此,喜欢的老师类型与喜欢的领导类型相关,不喜欢的老师类型与不喜欢的领导类型相关。通过了解求职者最喜欢和最不喜欢哪类老师,面试官可以预测求职者未来参加工作后更适应哪种类型的领导或者不太适应哪种类型的领导。

二、回答策略

回答喜欢和不喜欢哪类老师有没有对错之分呢?答案是:没有。不过,回答这个问题需要注意以下两点。

第一,求职者应分别回答喜欢的老师类型和不喜欢的老师类型,在解释喜欢或不喜欢的原因的时候,如实回答,避免夸张。

第二,说到不喜欢的老师类型,求职者需要描述不喜欢的具体原因是什么,如某位老师的哪些言行举止导致不喜欢,并且避免带有明显的不满情绪或者负面情绪回答这个问题。

其实,在回答喜欢或者不喜欢的老师的时候,没有固定的格式或者"套路",求职者可以根据自身经历如实回答。以下两个事例供求职者借鉴。

案例1

从小到大,我喜欢的老师有很多,但是给我印象非常深刻的是高中时候我的英语老师。我喜欢这位老师的原因有两个：第一，老师在英语方面的专业能力非常强，我从老师那里学到了很多英语知识，受用终身；第二，老师非常关注我的学习，课下跟老师沟通的时候，她很亲切，不厌其烦地认真解答我的疑问。不喜欢的老师也遇到过。举个例子吧，就是初中时我的地理老师。当时我是地理课的课代表。每次老师交给我的任务，我都非常认真、负责地完成。我做事也很主动，但是无论怎么做，地理老师对我的表扬都很少。有的时候，我做的事不是让她很满意，她在课堂上还挑剔我，当着同学的面批评我，这让我感到很委屈。综上所述，我喜欢的老师类型是亲切、专业、关注学生的成长；不喜欢的老师类型是严肃、挑剔、不顾及他人感受。

分析

透过求职者的回答，可以预测未来参加工作后，他更适应亲切、专业、友好沟通的领导，不太适应严肃、挑剔、不顾及他人感受（或强势风格）的领导。

案例2

求职者："我喜欢的老师类型跟大多数同学差不多，一方面老师的学术能力比较强,他能教给我们本领;另一方面老师为人师表,比如正直、仁爱、敬业等。所以,这样的好老师不但能教我们功课,还能教我们如何做人。我的小学语文老师郭老师,初中语文老师肖老师和高中物理老师刘老师都是这样的人。我不喜欢的老师类型是自私、虚伪、势利眼。有的老师教学能力很强,可是做不到'为人师表'甚至还'欺软怕硬'。从小到大,我很幸运,遇到的绝大多数老师都值得尊敬,偶尔也碰到过让我反感的老师。"

面试官:"能具体说说让你不喜欢的老师吗?"

求职者:"可以,上高中的时候,我的学习成绩不是很好。因为学业压力比较大,我越来越觉得吃力了。幸运的是我的同桌杨同学跟我是很好的朋友,在学习方面他给了我巨大帮助。可以说,杨同学对我的无私帮助给了我很大信心。有一天,班主任李老师要求我调换座位。调换座位之后,我的新同桌对我的学习帮助就很少了。虽然我仍然可以找杨同学帮忙,可是远不如以前方便。我曾经找李老师沟通,希望不要调换座位,但是李老师不但没有鼓励我,还表示对我的学习成绩很失望。李老师认为即使我和杨同学做同桌,学习成绩也不会有多少提升。后来,我从其他同学那里得知因为杨同学的学习成绩好而且乐于助人,很多人想跟他坐同桌。这可能是给我调换座位的主要原因吧。"

面试官:"排除这位李老师的问题,你自身有什么需要注意的地方吗?"

求职者:"坦白讲,我高考的成绩不是很理想。不过,这跟换座位没有关系。高中时,我的数学基础的确太差,不是我不努力,主要还是学习不得法,而且缺乏吃苦精神。后来上了大学,我重树信心,在学习上比其他同学更加努力,结果我的微积分考了满分,而且课余时间还能帮助其他同学提高学习成绩,助人为乐。"

分析

该求职者的回答有两点值得认可。

第一,求职者并没有过度抱怨李老师对他的不公,这反映求职者具有成熟的心态。

第二,求职者能从自身遭遇中反思自己的问题并且采取主动行为来改变现状。

求职小贴士

求职者要如实回答"最喜欢和最不喜欢哪类老师",但是求职者回答的重点不是抱怨某位老师,也不是描述某某老师多么不好,重心应放在如何通过积极行动来改变现状上。

第三章
求职动机类的面试问题

第一节
求职动机类面试问题概述

什么是求职动机?

求职动机反映了求职者找工作的内在驱动力和目的,通常涵盖薪酬福利、工作环境、工作地点、职业发展机会、晋升条件、企业文化和人际关系等多个方面,这些因素会直接影响求职者未来工作的稳定性和绩效表现。因此,在面试过程中,面试官会通过提问求职动机类的问题深入了解求职者的真实意图,从而识别出与岗位匹配的最佳人选。

什么是求职动机类的面试问题?

基于招聘岗位对候选人工作稳定性的要求,对求职者应聘此岗位的想法、目的或者意图进行考查的一系列问题,统称为求职动机类的面试问题,常见的问题如下所示。

- 谈谈未来的职业规划。
- 为什么应聘我们公司?
- 还应聘了哪些公司?
- 对自己的面试表现是否满意?

● 面试即将结束，还有什么问题想要了解？

参加校园招聘的公司对求职者的工作稳定性越发重视，求职动机类问题的重要性日渐凸显，成为面试流程不可或缺的一环。

第二节
谈谈未来的职业规划

一、问题考点

关于"未来的职业规划"，主要有两个考点。

第一，考查求职者是否有职业目标。在大学毕业前，学生的主要任务和目标是完成学业并成为合格的毕业生；大学毕业之后步入职场，他们需要完成从学生到职场人的角色转变，其主要目标是提升自身能力以满足岗位要求并成为合格的员工。因此，面试官会重点关注那些有明确职业规划，工作意愿较为强烈，并且为胜任未来岗位而有所准备的求职者。

第二，考查求职者是否有执行能力。面试官通常会对那些看似"口若悬河"或者"滔滔不绝"的求职者格外警惕。究其原因，再完美的目标和规划最终也需要一步一个脚印落实到位。因此，在求职者描述未来职业规划的时候，面试官会进一步考查他们的执行能力，即如何达成目标的能力。

企业发现那些有明确的职业目标和执行能力的求职者入职后的工作表现和工作稳定性都很不错。综上所述，在回答"未来的职业规划"的时候，求职者需要注意以下两点。

- 面试前提早准备，尽可能结合所应聘岗位的要求阐述未来的职业规划。
- 为了避免空谈，可通过举例的方式证明自己有能力实现未来的职业规划。

二、回答策略

在校招中，面试官会经常提问求职者对未来的规划。缺乏职业规划意识的求职者往往会一脸茫然、不知所措、回答含糊不清。出现这种情况的主要原因可能是：一方面，求职者没有重视面试，没有提前思考和准备有关"未来职业规划"的问题；另一方面，在校期间求职者没有想清楚毕业后想从事职业的发展路径。这可能是他们不重视自身职业规划或者对未来职业选择产生迷茫所导致的。为此，在完成专业课学习的同时，建议求职者更广泛地学习包括专业及专业以外的知识和技能，丰富自身的综合素质；在此基础上，主动寻找机会参加校内外的实践活动，包括竞赛、比赛、学术项目和实习工作等，让自己有一技之长。在不断实践和多种尝试之后，大多数求职者会逐渐明确未来的职业选择和规划，从而在求职过程中占据主动。

再好的职业规划,也需要"千里之行始于足下"。以下两个问题求职者要足够重视,尤其是第二个问题。

第一个问题:说说未来 3～5 年的职业规划。

第二个问题:为了实现这个规划,到目前为止,都做了哪些准备,进展如何?请举例。

俗话说"不积跬步无以至千里",上述第二个问题重点考查"目标落地和执行"的能力。这就要求求职者在校期间尽早明确未来的发展方向,认真思考职业规划,在学习、实习和各种实践等方面积累经验和能力,为成功就业早做准备。

关于"未来的职业规划",有多种提问的方式,汇总如下。

- 说说未来 1～3 年的个人职业发展规划。
- 3 年后你的职业目标是什么?如何实现?
- 如果被录用,你有哪些规划?比如说 3 年或者 5 年……
- 从工作、学习和生活等方面,说说你未来的规划。

如何回答此类问题,请看李四和张三参加某银行校园招聘的案例。

案例 1

面试官问:"说说未来你的职业规划是什么?"

李四:"我是经济学专业的学生,期望未来有机会进入银行工作。我未来的目标是希望成为贵行的一名出色的管理者,为此我的具体规划是:第一步,先从基层岗位做起,通过几年的努力成为优秀员工;第二步,一边工作一边积累管理经验,逐渐走上基层管理岗位,并通过不断学习提升自己的综合能力;第三步,我不会满足现状,在带领团队成员实现一个又一个目标的同时向下一个管理岗位迈进。"

分析

李四有职业目标并分三步实施,但是他的规划缺乏具体的推进时间和更为详细的操作步骤(见表3-1)。

表3-1 李四的职业规划

李四的目标	李四的规划		
	第一步	第二步	第三步
成为贵行的一名出色的管理者	先从基层岗位做起,通过几年的努力成为优秀员工	一边工作一边积累管理经验,逐渐走上基层管理岗位,并通过不断学习提升自己的综合能力	不会满足现状,在带领团队成员实现一个又一个目标的同时向下一个管理岗位迈进

李四的规划分为三个步骤,但是实施每个步骤用多长时间并没有明确说明。此外,面试官可能还想获知实施这三个步骤的具体细节,但是李四没有更详细的描述。

案例 2

张三的规划比李四就进了一步,以下是张三的回答。

张三:"我打算以五年为一个期限,说说未来的职业规划。五年之后我想达到的目标是成为贵行某网点的一名管理者。为了确保实现这个目标,我的具体规划是:入职后第一年,银行很有可能安排新员工在柜员或者大堂经理岗位历练。为此,第一年,我将在贵行的基层网点积累工作经验,锻炼最基本的业务能力。从第二年开始,我要在业务知识、工作技能和客户满意度等方面成为所在网点的优秀员工。为此,我会通过自学和向同事请教等方式不断提升工作能力。在银行工作,营销岗位最锻炼人,我打算在三年时间内成为我行优秀的客户经理。我深知成为管理者需要有出色的业务能力和工作表现。所以在第四年和第五年,我会继续对自己严格要求,在提升自身业绩的同时积累管理经验,为走上管理岗位做准备。"

分析

张三有职业目标并分五步实施,他在规划中明确了具体的时间并详细描述了操作步骤(见表 3-2)。

表3-2 张三的职业规划

张三的目标	张三的规划（五年为一个期限）				
	第一年	第二年	第三年	第四年	第五年
成为贵行某网点的一名管理者	先从柜员或大堂经理岗位做起，在贵行的基层网点积累工作经验，锻炼最基本的业务能力	在业务知识、工作技能和客户满意度等方面成为所在网点的优秀员工，并通过自学和向同事请教等方式不断提升工作能力	营销岗位最锻炼人，成为优秀的客户经理	在提升自身业绩的同时积累管理经验，为走上管理岗位做准备	

　　张三的职业规划有目标、有时间、有步骤，而且能够结合银行的具体岗位展开描述。他先从柜员或大堂经理的工作做起，之后在营销岗位实现突破，再逐步走向管理岗位。由此可见张三的职业规划更加清晰和更有说服力，说明他在面试前做了比较充分的准备。

　　虽然李四和张三都想成为银行的管理者，但是二人所描述的内容给面试官的感受很不一样，张三不但可以给出比较明确的职业目标，而且就如何实现目标还能够列举详细的规划。

　　一方面，当求职者被问及未来的职业规划时，首先应当清晰地阐述自己的职业追求和目标，即期望在职业生涯中达到的高度和成就。另一方面，他们还需详细地描述实现这些目标的路径和策略，向面试官展示自己有明确和切实可行的职业规划，这不仅能够证明求职者的前瞻性和决心,还能够加深面试官对他们职业追求的理解与认同。

案例3

下面田同学的回答就是一个很好的例子。

面试官:"田同学,说说未来3~5年的职业规划。"

田同学:"我应聘的是人力资源部门管培生的岗位。我的规划是:5年内成为人力资源主管。"

面试官:"你是什么时候有这个想法的?"

田同学:"这个想法是在我实习期间逐渐形成的,确切讲是去年暑假实习期间有了这个想法。"

面试官:"虽然规划的都是未来的事情,但是我想知道为了实现这个规划,你都做了哪些准备?进展如何?"

田同学:"我认为5年内成为人力资源主管是一个短期目标。实现这个目标需要有一个前提,即毕业后我能否进入一家企业从事人力资源的工作。为此,从去年到现在,我做了以下准备。第一,在专业方面,我努力学习,成绩优秀。我要确保自己的学习成绩有竞争优势。第二,在阅读方面,我利用课余时间自学了人力资源相关知识,包括知名大厂的人力资源管理案例和国外最新的人力资源方面的书籍。第三,在实践方面,我参加了导师组织的两个人力资源相关的课题小组,分别是 A 企业员工满意度调研和 B 企业新员工轮岗方案设计。第四,在实习方面,我有过为期 2 个月的人力资源助理实习经历。我想表达的是为了能够一步一步实现规划,我把精力主要放在了与人力资源相关的事情上。当然,要实现 5 年内成为人力资源主管这个目标,我还需要进一步规划好今后每一年的工作计划。在这方面,我的想法可能还不太成熟,还需要各位面试官给些建议……"

分析

田同学的目标是 5 年内成为人力资源主管。为了实现这个目标,面试官很想知道她都做了哪些准备,是否有进展,是否有实例证明。围绕目标,田同学比较详细地描述了过往的学习和实践经历,从而大大增加了回答此问题的说服力。

在面试时间允许的情况下,可能要求田同学就准备的内容做进一步的阐述,给她的建议见表 3-3。

表 3-3 田同学做了哪些准备和面试建议

准备的角度	准备内容	面试建议
专业方面	努力学习,成绩优秀,确保自己的学习成绩有竞争优势	需要具体说明成绩优秀的情况
阅读方面	利用课余时间自学了人力资源相关知识,包括知名大厂的人力资源管理案例和国外最新的人力资源方面的书籍	需要列举读了哪些书和学习收获

续表

准备的角度	准备内容	面试建议
实践方面	参加了导师组织的两个人力资源相关的课题小组,分别是A企业员工满意度调研和B企业新员工轮岗方案设计	需要阐述在两个课题小组的角色、工作内容和收获
实习方面	有过为期2个月的人力资源助理实习工作	需要阐述2个月的工作内容和收获

田同学的回答有两个亮点。

第一,能够结合自身过往经历,从多个角度阐述做了哪些准备。

第二,能够从自身经历中寻找与应聘岗位相关的内容进行阐述。

求职小贴士

> 关于未来的职业规划,求职者尽可能提早准备。回答问题的时候,求职者不但要给出明确的职业目标,而且要有行动计划,包括时间和步骤,甚至还能举例说明为了实现未来规划和目标已经做了哪些准备工作。

第三节
为什么应聘我们公司

一、问题考点

"为什么应聘我们公司"这一问题,实际上包含了两个考点。

第一,面试官希望了解求职者在选择工作机会时所看重的因素。这些因素可能包括薪酬、福利待遇、培训机会、晋升路径、企业文化以及个人发展规划等。然而,值得注意的是,单纯把薪酬、福利等物质待遇作为首要考量因素并不被提倡。比如,有的公司可能提供户口等特定待遇,但求职者最好不要以此作为求职的主要目的,这种功利性的心态不被认可。校园招聘的时候,面试官通常更关注求职者能为公司创造的价值,而非仅仅关注个人利益。因此,求职者应避免表现出过于功利的心态。

第二,面试官也会评估求职者的条件是否与公司需求相匹配。不少求职者没有明确的求职目标,头脑一热,盲目投递简历,甚至对公司毫无了解就参加面试。然而,那些有清晰的求职目标,提前了解公司的相关信息,审慎思考自身条件与公司要求匹配度的求职者,通常更受面试官的青睐。面试官倾向于选择那些自身特点与公司要求高度匹配的求职者,因为他们通常表现出更强烈的求职意愿,未来工作稳定性也会更好。

综上所述,在回答"为什么应聘我们公司"这一问题时,求职者应从两方面进行阐述:一方面表达自己在选择公司时所看重的因素,另一方面要展示自身条件与公司需求的匹配度。这样做,求职者能够更全面、更准确地展示自己的求职动机和综合素质,从而增加获得心仪职位的机会。

二、回答策略

如何准备"为什么应聘我们公司"这个问题?建议求职者提前了解所应聘公司的信息,包括岗位及岗位要求,公司的基本信息与最新的发展状况,公司的愿景、使命和价值观,公司的人才理念和福利待遇等。回答这一问题,求职者可以从六个角度入手。

角度一,能实现职业规划。求职者有明确的职业目标,公司所提供的条件有助于实现职业规划。

案例1

我的职业规划是毕业后从事航空和航天领域相关工作。近些年来我国尤为重视航空航天事业,未来这个领域有无限广阔的发展空间。之所以应聘贵公司,主要原因是贵公司所在行业和业务领域与我的职业规划非常匹配。我打算长期在这个方向发展，走技术路线，期待成为航空航天领域的技术型人才。此外，我所学习的专业是机械设计和自动化，贵公司招聘的岗位，比如机械和维修工程师、结构工程师、设计工程师等技术岗位与我的求职方向都非常匹配。综上所述，我选择应聘贵公司。

分析

从职业规划角度求职者阐述了应聘该公司的原因，他认为公司所在行业和业务领域与自身的职业追求高度匹配，而且求职者的专业背景也符合岗位的需要。

角度二，自身兴趣和特长。求职者的兴趣和特长与岗位的用人要求高度匹配，有助于实现自身价值。

案例2

我从小就对机械类的玩具感兴趣，非常喜欢动手组装各种模型，比如赛车、坦克、游艇、战舰、航天飞机、宇宙飞船等。在上初中和高中的时候，数学和物理两门课程都是我的强项。上大学之后，我还参加过省级和国家级的建模大赛，分获省一等奖和国家二等奖。我所应聘的岗位对机械设计和制图能力有很高要求，我的专业就是机械设计和自动化，而且在校期间专业课成绩名列前茅。这个岗位不但符合我的兴趣爱好，而且能发挥我的优势特长，凭借扎实的专业基础、在校期间的学习和实践以及对机械设计的浓厚兴趣，我能够全身心地投入工作当中并实现自己的价值。这就是我选择应聘贵公司的原因。

分析

从儿时兴趣、学科优势、比赛成绩和专业特长等角度，求职者阐述了应聘该公司的原因，他认为从事与自己的兴趣和特长相符的工作更容易实现自身的价值。

角度三，学习与发展机会。公司所提供的轮岗、培训、锻炼等机会有助于求职者持续获得晋升与发展。

案例3

我了解到贵公司为新员工提供了非常完善的培养和发展机制。新员工不但有轮岗锻炼的机会，还可以得到公司提供的各项培训，比如新员工入职培训、团队精神拓展培训、业务技能训练和通用能力培训等。以上培训和学习机会有助于提升员工的职场竞争力。有这些作为辅助，经过几年时间，我一定可以比同龄人进步更快。这就是我选择应聘贵公司的原因。

分析

从学习和发展机会角度，求职者阐述了应聘该公司的原因，他更看重公司所提供的轮岗和培训机会，这将有助于提升自身的职场竞争力。

角度四，企业文化和理念。求职者高度认同公司的价值观、使命和文化，对公司的人才观、用人理念、团队氛围等有深入了解。

案例 4

说到为什么会应聘贵公司，有三个主要原因。第一，我非常认同"奋发图强、科技兴国"的企业使命。自 2018 年公司成立至今，短短几年时间就在航空和航天领域异军突起，贵公司的员工秉持自主研发和科技创新精神，为我国在该领域取得技术突破做出了重大贡献。第二,"求真务实、彼此成就"的企业文化深深地吸引了我。我对这个企业文化的理解是:在完成工作任务的时候,要做一个实事求是和踏实肯干的人;对待身边同事,要相互帮助和扶持,合作共赢。第三,我很喜欢公司"不拘一格降人才"的用人理念。在公平竞争的环境下,每个员工可以靠自身努力和工作表现获得晋升机会。贵公司的使命、文化和用人理念非常符合当代大学生的价值取向。这就是我选择应聘贵公司的原因。

分析

求职者对所应聘的公司有比较深入的了解,他认为该公司所倡导的使命、文化和用人理念与自己的价值取向高度匹配。

角度五,实习经历与体验。求职者恰好在公司有实习经历,与公司有过合作或比较深入的接触,比较熟悉应聘岗位的情况。

案例5

2024年暑假期间,在贵公司我曾有过一个多月的实习经历。这段实习经历让我记忆犹新,也是我应聘贵公司的主要原因之一。这段经历给我的感受很好,主要有三点。首先,第一天的实习让我感到很温馨。人力部门先对我们这些实习生进行入职培训,然后给每个实习生分配了一位"师傅"。有了"师傅"的照顾,我们很快就融入了新的环境。其次,每天的工作很充实而且有收获。虽然是实习岗位,但是每个实习生的工作都不轻松,这有助于提升我们的抗压能力。每天快下班的时候,我会向"师傅"汇报一天的工作完成情况,他也会耐心地给出建议。最后,在一个多月的实习中,我有机会与贵公司多个部门打交道,逐渐了解了业务的前、中、后台的工作内容,与此同时,我与各部门的前辈相处融洽。以上就是我选择应聘贵公司的原因。

分析

从实习经历和亲身体验的角度求职者阐述了应聘该公司的原因,一个多月的实习过程愉快而充实,这给求职者留下了深刻的印象。

角度六,薪酬福利及待遇。求职者通过调研发现,该公司的各项福利和待遇优于同行业其他公司,这将有助于激励员工为公司长期服务。

案例6

据我所知,贵公司在本地的美誉度和口碑非常好。经过多年发展,贵公司已经在行业积累了坚实的基础,而且在谋求新的突破。不仅如此,贵公司给予员工的薪酬和福利很有竞争力。一方面,与同行业其他公司相比,员工的薪酬和福利水平较高;另一方面,贵公司还会嘉奖高绩效或者有突出贡献的员工。据说年底发给这些员工的奖金很有吸引力。我应聘贵公司的原因不仅因为高工资和高福利,更重要的是公司采用了多劳多得、公平竞争的激励政策。我期望在贵公司长期发展,通过自身努力获得物质和精神的双重回报。以上就是我选择应聘贵公司的原因。

分析

具有竞争力的薪酬条件以及实现公司和个人双赢的激励制度是吸引求职者应聘该公司的原因。

综上所述,在回答"为什么应聘我们公司"或者"应聘我们公司的理由"这类问题时,建议求职者全面参考企业文化与发展理念、岗位工作内容、薪资待遇和福利等,并结合自身职业规划、兴趣爱好和特长,有针对性地准备回答内容。当下有多种渠道可以获得公司的信息,常见的方式有公司的官方网站和App、公司微信公众号、百度或抖音搜索公司的关键词等。如有条件，求职者也可以从亲朋好友、老师和学长那里直接获得。

求职小贴士

> 公司往往青睐那些更懂它的求职者，因为这样的求职者更用心。"为什么应聘我们公司"不是空话，而是体现在行动上的，建议求职者结合自身的职业规划、兴趣特长等选择目标公司。

第四节
还应聘了哪些公司

一、问题考点

在面试即将结束时，面试官可能会问求职者下列问题。

- 最近投递了哪些公司？面试了几家公司？进展如何？

- 除了应聘我们公司,还有应聘其他公司吗?
- 找工作顺利吗?手里有没有 offer?

如果求职者回答手里有 offer 了,面试官很可能会进一步追问以下问题。

- 你对手里的 offer 满意吗?为什么?
- 对于拿到手的 offer,你会怎么选?
- 其他公司和我们公司之间,你如何选择?

"还应聘了哪些公司"这类问题,综合起来看有三个考点。

第一,考查诚实态度。对于投递了哪些公司,参加了哪些面试,有没有获得 offer,获得了哪些 offer 等信息,求职者可以选择如实告诉面试官,也可以有所保留,但是不可以撒谎。有些求职者故意撒谎,被面试官识破,结果让自己非常尴尬。

第二,考查职业规划。通过询问求职者投递了哪些公司和参加了哪些公司的面试等问题,面试官可以判断他们是否有清晰的职业规划。在选择行业、公司和岗位的时候,求职者需要有明确的求职目标或者有聚焦的求职方向,比如金融行业的财务岗位,国内新能源行业排在前十名的车企的软件开发岗位,位于广州和深圳的电商公司的运营岗位,等等。

第三,考查求职意愿。通过询问求职者选择 offer 的原因,面试官可以判断他们的求职动机,从而对求职者的求职意愿和未来工作的稳定性做出评估。

二、回答策略

因为公司非常关注求职者的求职意愿和稳定性，所以在回答此类问题的时候，求职者务必要提前有所准备，避免说错话。建议求职者做到以下三点。

- 如实回答面试官的问题。
- 结合职业规划做出选择。
- 抓住机会表达求职意愿。

案例1

面试官："除了应聘我们A公司，还应聘了其他公司吗？"

张三："有的。分别是B、C、D三家公司。"

面试官："进展如何？拿到offer了吗？"

张三："是的。B公司已经给我发offer了，D公司也通知我去体检了。"

面试官："B和D这两家公司，你怎么选？"

张三："我会基于自身的职业规划做出选择。我的专业是人力资源管理，职业规划是从人力资源部门基础岗位做起，一步一步逐渐成长为经验丰富的人力资源管理者。B和D两家公司都可以为我提供人力资源岗位的工作，B公司的具体岗位是招聘岗,D公司的具体岗位是绩效和薪酬岗位。我个人的兴趣更倾向于从事招聘工作,所以我会选择B公司。"

面试官:"如果我们也录用你了,同样是招聘岗位,你选择B公司还是选择我们A公司?"

张三:"我仍然是基于职业规划来选择。我刚才说过我未来的职业目标是成为经验丰富的人力资源管理者。要实现这一目标,一方面取决于我自身的努力程度;另一方面也需要公司平台、晋升机会和学习资源等外界因素的推动作用。我了解到贵公司在上述几方面的优势都明显好于B公司,因此我会选择你们。"

面试官:"对于B公司给你的薪酬和福利,你还满意吗?"

张三:"是的,我还满意。但我更看重的是能力锻炼和职业发展的机会,因此从长远角度分析我还是更希望加入贵公司工作。"

分析

就这个问题,张三回答的质量很高,他有明确的职业目标,并且基于自身的职业规划选择手中的offer。张三选择B公司,是因为他更倾向于从事招聘岗位工作;在B公司和A公司之间选择的时候,他主要考虑公司平台、晋升机会和学习资源这三个要素,见表3-4。

表 3-4 A、B、D 公司与张三职业需求要素的匹配情况

职业需求要素	A 公司	B 公司	D 公司
倾向招聘岗位	匹配	匹配	不匹配
公司平台	匹配	一般	—
晋升机会	匹配	一般	—
学习资源	匹配	一般	—

薪酬福利也是影响求职者做出选择的重要因素,但是张三没有过分强调这方面的要求,他更看重"能力锻炼和职业发展"的机会,并向 A 公司的面试官表达了"更希望加入贵公司工作"的求职意愿。

案例 2

李四应聘互联网 M 公司的运营岗位,以下是他与 M 公司面试官的对话。

面试官:"最近给哪些公司投递了简历?面试了几家?进展如何?"

李四:"最近投递了十几家公司,参加了 5 家面试。拿到了一个 offer。"

面试官:"你是怎么拿到这个 offer 的?"

李四:"因为我在大学期间所学专业为广告学专业,所以我主要选择营销、策划、品牌或产品设计的岗位,这是

我主攻的求职方向。不过我对运营岗位也比较感兴趣，所以在投递简历的时候，也选择了几家公司的运营岗位。在经历了5次面试之后，我得到了一个品牌策划助理的offer。"

面试官："你对这个offer满意吗？"

李四："比较满意。我的职业规划是进入互联网、新媒体或者影视制作公司，从事与广告专业相关的工作，争取在5年左右时间走上管理岗位。品牌策划助理岗位与我的专业是相关的，从这个方向发展下去将来可以成为品牌经理或者品牌咨询顾问。"

面试官："目前我们M公司招聘的是运营岗位。这个岗位你考虑吗？"

李四："我也考虑。"

面试官："你是选择那家公司的品牌策划助理岗位还是我们公司的运营岗位？"

李四："考虑到我的专业背景，我会优先选择品牌策划助理岗位。但是从我的职业规划角度考虑，以上两个选择都能让我实现未来的目标。我希望5年后能走上管理岗位，为此我需要具备出色的专业能力、团队管理能力和丰富的项目经验，如果贵公司能提供较好的职业发展平台，我不想错失在贵公司工作的机会。为了能做出精准选择，我能否向面试官进一步了解这个运营岗位的工作内容以及未来的晋升通道？"

面试官："可以的。"

李四："谢谢，我想知道……"

分析

李四有明确的职业规划,他看重与专业相关的工作机会,比如营销、策划、品牌或产品设计等,也对运营岗位感兴趣。在回答"选择品牌策划助理还是运营岗位"的时候,李四没有一味地迎合面试官,而是非常坦诚地告诉面试官自己的真实想法,并希望通过进一步沟通来确定自己的选择(见表3–5)。

表3–5 某公司和互联网M公司与李四职业需求要素的匹配情况

李四职业需求要素	某公司品牌策划助理岗位	互联网M公司运营岗位
对行业的要求	匹配	匹配
广告学专业对口	匹配	不匹配
期望未来5年后走上管理岗位	匹配	匹配

面试的时候,有些求职者已经有比较心仪的offer了。在这种情况下,这些求职者可以更坦诚,更主动一些,目的是与面试官充分沟通,详细了解所应聘岗位的情况,包括工作内容、晋升通道、薪酬福利、发展机会等。但是,求职者一定要秉持谦逊态度,放低姿态,向公司表现出真诚的求职意愿。

考虑到有些求职者会在多个offer中进行选择,还有很多求职者边找工作、边准备考研、公考、留学或者有创业的打算等,为此公司要求面试官精准地筛选出求职意愿强烈、未来职业稳定性好的人选,这就要求求职者在应聘时注意以下三点。

第一,职业有规划。在社会实践方面多尝试、多体验,结合自己的兴趣爱好,逐渐明确未来的职业规划。

第二,投递简历要精准。在投递简历的时候,不要"一把抓"和盲目跟风,要锁定目标行业和目标岗位精准投递。

第三,面试有准备。收到面试通知后,尽可能详细了解公司情况,认真研究应聘岗位的要求,充分准备。

求职小贴士

面试问题再怎么变化,也难不倒有明确的职业目标和规划以及对应聘公司和岗位比较了解的求职者。

第五节
对自己的面试表现是否满意

一、问题考点

"对自己的面试表现是否满意,并说明原因"与"给自己的面试表现打个分数"是同一类问题,这类问题主要考查求职者两方面的能力。第一,考查求职者灵活应变的能力。因为此类问题多少会让人感到压力,在短时间内对面试官的提问做出回应,这需要有较好的心理素质和应变能力。第二,考查求职者自我认知的能力,即面试官要求求职者对自己在整场面试的表现有客观的认识和评价。当求职者给自己打完分数后,面试官会进一步追问他们打分的依据是什么以及有哪些面试经验总结和反思等。

"对自己的面试表现是否满意,并说明原因",这个问题通常出现在面试结束前,对于那些原本面试表现较好的求职者而言,回答此类问题的难度并不大。对于那些面试表现不理想,或者对自己的表现不满意的求职者,这一问题可能成为他们扭转不利局面和展现自我的重要机会。这些求职者不仅要积极回答,更要借此机会表明自己的斗志和求职意愿,让面试官看到他们敢于面对挑战、勇于承认不足,并渴望获得这个工作机会的决心。

对于面试表现不佳的求职者,有以下三点建议:第一,快速调整心态,认识到面试尚未结束,仍有可能通过接下来的表现挽回局面,不要放弃任何一次回答问题的机会;第二,快速总结在整场面试中的表现,梳理出自己的优势与不足,以便更准确地评估自己的表现;第三,回答问题要清晰、有条理,要听清楚面试官的提问,给出精准回答,并把握机会向面试官展示自己的求职意愿。

二、回答策略

结合上述的三点建议,如何回答这个问题,请看高同学的面试案例。

案例 1

高同学因为缺乏面试经验以及过于紧张，导致他在面试中的表现很一般，而且高同学自身的条件与岗位要求有些差距，以下是面试结束前面试官与高同学的对话。

面试官："你对自己的面试表现是否满意？"

高同学："面试官，我对自己的整体表现并不满意。我认为没有发挥出自己应有的实力。"

面试官："就今天的面试表现，满分是 10 分的话，你给自己打多少分？"

高同学："满分是 10 分，如果 6 分是及格线，我给自己的表现打 7 分。"

面试官："说说为什么给自己打 7 分，解释一下不满意的原因。"

高同学："我解释一下为什么给自己打 7 分。首先，考虑到这个岗位的用人要求，面试官可能会重点考查求职者的专业条件、表达能力、心理素质和求职意愿。在上述四项评分维度中，我给自己的表达能力和心理素质打分比较低；我的专业条件与应聘岗位有些差距，因此打分也不高；但是，我给自己的求职意愿打高分。综合起来，我的最终得分为 7 分。其次，我对自己的表现不满意的原因是我本可以在表达能力和心理素质方面得到更高的分数，但实际丢分很多。结合在校期间的表现，我的表达能力和心理素质还是不错的，今天主要是过度紧张导致发挥失常。从自身专业条件的角度考虑,我承认与岗位要求有所差距,如果有机会加入贵公司,我一定可以在工作中弥补这个差距。最后,这次面试经历对我的成长意义重大。虽然在今天的面试中,我的表现并不理想,但是我非常希望加入贵公司,我一定能在将来的工作中以优异的成绩证明我可以做到 8 分、9 分甚至是满分。"

分析

虽然高同学对自己的表现不满意,但是他仍然积极争取机会,没有放弃。回答问题的时候,高同学表达了三层内容(见表 3-6)。

表 3-6 高同学的回答呈现的三层内容

回答层面	具体描述
第一层 为什么给自己打 7 分	表达能力和心理素质打分比较低; 专业条件与应聘岗位有些差距,因此打分也不高; 给自己的求职意愿打了高分,最终得分为 7 分
第二层 对自己不满意的原因	第一,在表达能力和心理素质方面,过度紧张导致发挥失常(在校期间,我的表达能力和心理素质还是不错的); 第二,自身专业条件与岗位要求有所差距(将来会在工作中弥补这个差距)
第三层 表达强烈的求职意愿	端正面试态度:这次面试经历对于今后的成长意义重大。 表达求职意愿:非常希望加入贵公司,在将来工作中会以优异的成绩证明可以做到 8 分、9 分甚至是满分

结合上述高同学的案例,当面试表现不佳的时候,求职者要做到以下两点。

第一,客观认识自身不足,反思和总结面试表现。

第二,愿意改进,并积极向面试官表达求职意愿,争取工作机会。

案例 2

余同学对自己的表现非常满意,以下是面试结束前,她与面试官的对话。

> 面试官:"你对自己的面试表现是否满意?"
>
> 余同学:"面试官,我认为自己发挥出了真实水平,对自己的表现是满意的。"
>
> 面试官:"就今天的面试表现,满分是 10 分的话,你给自己打多少分?"
>
> 余同学:"满分是 10 分,如果 6 分是及格线,我认为自己的成绩接近 9 分,但仍有不足。"
>
> 面试官:"你打分的依据是什么?解释一下原因。"
>
> 余同学:"今天面试官对我的专业能力、学习和实习经历、个人兴趣和职业规划等做了详细的考查。我猜测贵公司比较看重求职者的教育背景、学习能力、实践能力、求职动机和岗位匹配度等。在回答问题的时候,我通过具体实例证明自己可以满足岗位招聘的要求,能看得出在多数情况下,

您对我的回答还是满意的。因此,我认为至少可以得到 8 分。但是,在回答与岗位所要求的工作经验相关的问题的时候,我也意识到自己存在不足之处,之后我会抓紧时间学习并弥补缺失的地方。通过此次面试,我对自己的优势、劣势有了更加清晰的认识,这是我的一大收获。在面试中,一定有求职者比我的表现更好,得分更高,但是仅从求职意愿这个角度而言,我认为自己几乎可以得到满分。我非常希望贵公司能够给予我这个工作机会。"

分析

从上述回答中既能看出余同学有自信的一面,也能看出她有谦逊的一面,而且在最后,她还表达了强烈的求职意愿。余同学表达出了三层内容(见表 3-7)。

表 3-7 余同学的回答呈现的三层内容

回答层面	具体描述
第一层 为什么给自己打 9 分	我猜测贵公司比较看重求职者的教育背景、学习能力、实践能力、求职动机和岗位匹配度等。在回答问题的时候,我通过具体实例证明自己可以满足岗位招聘的要求,能看得出在多数情况下,您对我的回答还是满意的
第二层 对自己不满意的原因	但是,在回答与岗位所要求的工作经验相关的问题的时候,我也意识到自己存在不足之处,之后我会抓紧时间学习并弥补缺失的地方

续表

回答层面	具体描述
第三层 表达强烈的求职意愿	端正面试态度：通过此次面试，我对自己的优势、劣势有了更加清晰的认识，这是我的一大收获。 表达求职意愿：在面试中，一定有求职者比我的表现更好，得分更高，但是仅从求职意愿这个角度而言，我认为自己几乎可以得到满分。我非常希望贵公司能够给予我这个工作机会

对于面试表现较好的求职者，在回答此问题的时候，建议做到以下两点。

第一，秉持谦虚和内敛的处世态度，切忌骄傲、自满；

第二，积极地向面试官表达求职意愿，争取工作机会。

综上所述，被问到"对自己的面试表现是否满意"这个问题的时候，求职者可以参考按照"为什么如此打分＋不满意的原因＋表达求职意愿"的逻辑进行阐述。

 **求职小贴士**

如果你对自己的面试表现并不满意，首先，反思自身不足，敢于承认差距；接下来，向面试官表明改进自己的积极态度。但是，打动面试官的还是你的求职意愿。正所谓"精诚所至，金石为开"。

第六节
面试即将结束，还有什么问题想要了解

一、问题考点

面试结束之前，面试官问求职者"你还有什么问题想要了解吗"或者"你是否有问题要问面试官"。作为求职者，你会如何选择？

A. 没有问题可问

B. 问问面试官对自己的表现是否满意

C. 问问面试官何时给面试结果的通知

D. 询问其他问题

A、B、C、D 如何选择？将在本节最后给出答案。

出于对求职者的尊重，大多数公司都会在面试结束前为求职者解答一些问题，这是整场面试的一个环节。求职者可以向面试官询问 1~2 个问题，但是有些问题不建议提及，比如：

- 询问公司能否解决户口
- 询问公司给新员工的薪资和福利待遇

- 询问是否经常加班以及是否有加班费
- 询问公司里男同事或者女同事比例
- 询问公司里自己认识的熟人，比如学长
- 询问面试官的姓名、职位或者收入等
- 询问对自己面试的表现是否满意
- 询问对自己面试的表现有何建议

面试官为什么会给求职者提问的机会？其中的考点主要与求职动机和职业稳定性相关。

求职动机反映了求职者找工作的内在驱动力和目的，通常涵盖了薪酬福利、工作环境、工作地点、职业发展机会、晋升条件、企业文化和人际关系等多个方面，这些因素会直接影响求职者未来工作的稳定性和绩效表现。结束面试前，给求职者开放提问的机会，面试官可以了解他们更关注什么，从而进一步推断求职者的工作稳定性。接下来分享四个案例，有四位求职者分别从工作地点、发展机会、加班情况和薪酬待遇的角度提出了自己所关心的问题，这将有助于面试官了解他们的求职动机，进而判断其未来工作的稳定情况。

案例 1- 某银行校招案例

面试官："你还有什么问题要问我吗？"

求职者："请问面试官，如果求职成功，将来我有机会来潍坊总行工作吗？"

面试官:"一般情况下,新员工入职后要在基层网点工作至少1年时间,1年、2年、3年的情况都有。最终还是要参考员工的业绩表现和总行的需要才能决定。你祖籍是青州的,家人都在青州吧?"

求职者:"是的,父母都在青州,不过我希望能来潍坊总行工作。"

面试官:"那么,你接受在基层网点工作吗?比如把你分配到青州的网点……"

求职者:"我也可以接受。"

分析

求职者所提的问题与工作地点有关,她期望能来潍坊工作,但是也可以考虑被分配到青州工作。面试官会根据求职者对工作地点的需求来判断她的求职意愿和职业稳定性。

案例2- 某科技公司校招案例

面试官:"你还有什么问题要问我吗?"

求职者:"如果求职成功,将来有外派深造的机会吗?"

面试官:"为什么问这个问题?"

求职者:"我有学长在贵公司工作,他已经工作两年了。

今年，他被外派法国参与科研项目了，所以我问一下……"

面试官："学长在哪个部门？"

求职者："我不太清楚，只知道他参与新能源电池的研发项目。"

面试官："目前我们招聘的岗位还没有外派机会。据我了解，新能源项目招聘的岗位已经饱和，目前不缺人。"

求职者："那我入职后，将来还有其他外派的机会吗？"

面试官："机会肯定有，但是我不能给你承诺，明白吗？"

求职者："好的，我明白。"

分析

求职者所提的问题与发展机会有关，他比较关注是否有外派的工作机会。面试官会根据求职者对外派工作的需求程度来判断他的求职意愿和职业稳定性。

案例3- 某项目助理岗位招聘案例

面试官："你还有什么问题要问我吗？"

求职者："面试官，这个岗位要经常加班吗？"

面试官："会有加班的情况。"

求职者："会有加班费吗？或者调休也可以。"

面试官:"为什么问这个问题?"

求职者:"来面试之前,我在网上收集了一些贵公司的情况。有网友说贵公司加班比较多,不过会有相应的加班费和补助。网上说什么的都有,所以我想向您了解一下情况……"

分析

求职者所提的问题与加班福利有关,他比较关注公司对于加班是否有确定的加班费或者补助,这可能会影响求职者的求职意愿和职业稳定性。

案例 4- 某销售管培生岗位招聘案例

面试官:"你还有什么问题要问我吗?"

求职者:"请问这个岗位的底薪是多少呀?"

面试官:"你期望的是多少?"

求职者:"因为咱们所在的城市生活成本比较高,我期望不低于每月 7 000 元。"

面试官:"如果达不到你的要求呢?"

求职者:"我想知道贵公司能给多少呢?"

面试官:"最终面试结果出来之后,公司会有专人负责薪酬方面的事情……"

求职者:"好吧。如果低于6 000元的话,我就不考虑了……"

分析

求职者所提的问题与薪酬有关,他期望不低于7 000元的月薪,其心理底线是月薪6 000元。面试官会根据求职者对底薪的需求来判断他的求职意愿和职业稳定性。

在上述四个案例中,求职者提的问题反映了他们的求职动机。通过进一步追问,面试官逐渐了解求职者的真实想法。"还有什么问题想要问的吗?"有助于面试官判断求职者的求职意愿和职业稳定性,从而做出录用与否的决定(见表3-8)。

表3-8 四位求职者求职动机和求职意愿的考查

面试案例	求职动机	求职意愿的判断
某银行校招	关注工作地点,希望来总行工作	可以在青州工作,但更希望来潍坊工作
某科技公司校招	关注外派机会,希望有外派机会	当下没有外派机会,很可能影响求职意愿
某项目助理岗位招聘	关注加班情况,希望有补助或者调休	有条件地接受加班,比如加班费或调休
某销售管培生岗位招聘	关注薪酬情况,月薪不低于7 000元,最少是6 000元	对薪酬比较关注,如低于预期会影响求职意愿

在回答此类问题的时候,建议求职者如果非常关注所应聘岗位的工作地点、工作环境、学习和深造机会等,可以向面试官询问与之相关的信息。但是,不建议求职者刨根问底式地追问更多细节。即使面试官愿意给出详细的回答,求职者也要适可而止,避免让面试官反感。

二、回答策略

如果求职者想为自己争取更多面试成功的机会,或者想给面试官留下更好的印象,有两个好问题推荐。

问题一:"如果有机会加入贵公司,在我正式入职之前,公司对我有哪些要求和期望?"

案例5

面试官:"你是否有什么问题要问面试官?"

求职者:"如果有机会加入贵公司,在我正式入职之前,公司对我有哪些要求和期望?"

面试官:"为什么问这个问题?"

求职者:"如果公司录用我了,我会非常珍惜这个机会。在正式入职之前还有不少时间,我要有个规划,包括在学习和实践等方面做进一步准备,为将来上班后快速胜任岗位要求打下基础。"

分析

这种提问方式值得推荐,原因有以下两点。

第一,求职者向面试官表达了比较强烈的求职意愿,比如"我会非常珍惜这个机会""为将来上班后快速胜任岗位要求打下基础"。

第二,求职者没有询问有关薪酬、福利、待遇、是否加班等敏感问题,而是询问公司"对我有哪些要求和期望",目的是为将来"在学习和实践等方面做进一步准备",这体现了一种积极主动的工作态度。

有的求职者想不出问面试官什么问题,但是又不想冷场,在这种情况下,可以尝试提问下面这个问题,说不定会有好的效果。

问题二:"能否请面试官简单介绍一下员工学习和发展的培训制度?"

案例6

面试官:"你是否有什么问题要问面试官?"

求职者:"能否请面试官简单介绍一下员工学习和发展的培训制度?"

面试官:"可以。公司为新员工设计了入职培训和岗位技能培训。为了满足员工成长的需求,专门设计了业务技能类培训、通用能力培训和管理实践类培训。而且,为了使新员工快速融入公司和胜任岗位要求,公司会安排一位带教老师。在这样的培训制度保障下,绝大多数新员工会快速适应工作环境并在能力上获得显著提升。"

求职者:"感谢面试官的介绍,这些内容正是我最为关注的。我也更加期待有机会加入贵公司并做出贡献!"

分析

这种提问方式也值得推荐。从面试官那里了解到有关培训和晋升的重要信息之后,需要真诚地向面试官表示感谢,并进一步表达想加入公司的意愿。

最后探讨一个问题,即求职者是否可以询问面试官对自己的表现是否满意或者有何建议?

第一,不提倡求职者主动询问此类问题。在招聘活动中,公司对面试官的言行要求非常严格,在面试现场,多数情况下,面试官不可以评价求职者的表现或者给求职者面试方面的建议。如果求职者向面试官询问是否对自己满意或者有何建议,这可能会让面试官感到为难。

第二,如果面试官主动给出建议,求职者应认真倾听或者记录面试官的意见。在此过程中,即使求职者不认可或者不接受面试官的意见,也不建议求职者当面反驳甚至与对方辩论。

综上所述,对于本节开篇的选择题,给出答案,见表3-9。

表3-9 答案与面试建议

选项	答案（是/否）	面试建议
A. 没有问题可问	否	没有问题可问，这会让面试官认为求职者对面试的重视程度不够高。求职者可参考本节推荐的提问方式进行提问
B. 问问面试官对自己的表现是否满意	否	通常情况面试官不可以也不会主动点评求职者的表现。求职者应避免提问此类问题
C. 问问面试官何时给面试结果的通知	是	可以直接提问这个问题，当面试官给不出具体的通知时间时，求职者不要继续追问
D. 询问其他问题	是	有些问题不建议提问，可参考本节讲解的内容

求职小贴士

求职者应抓住提问的机会给面试官留下好印象。面试官会青睐那些更加关注自身成长和珍惜工作机会的求职者。

第四章
压力面试类的面试问题

第一节
压力面试类问题概述

大学生从校园步入职场,必须完成从学生到职场人的角色转变。上学的时候,他们以完成学业为首要任务,参加工作后,他们渐渐成长为胜任岗位要求的职场专业人士。在此期间,他们将面对新环境的适应问题以及工作中的各种挑战。在校园招聘中,公司会重点选择那些有潜力胜任岗位要求的候选人,尤其是那些展现出较强抗压能力的求职者。

在面试过程中,面试官会全面评估求职者的临场反应、过往经历、职业规划、工作态度和价值观等,从而判断其抗压能力,常见的面试问题如下。

- 你能否接受加班?你对加班怎么看?
- 你并非名校毕业,你认为自己的优势是什么?
- 如果没有录用你,你认为可能的原因是什么?
- 作为应届毕业生,你缺乏经验,你认为如何能够胜任这项工作?
- 已有工作任务在身,可领导又安排你做其他事情,你会如何处理?

回答上述问题时,建议求职者做到以下三点。

第一,不要紧张,以积极的态度应对。

第二,不要撒谎,给出坦诚务实的回答。

第三,抓住机会表达强烈的求职意愿。

第二节
你能否接受加班,你对加班怎么看

一、回答策略

"能否接受加班"是压力面试的高频问题,需要引起求职者高度重视。类似的提问方式总结如下。

- 你对加班怎么看?
- 你能接受周末加班吗?
- 公司需要你加班,你接受吗?
- 当天的工作没有完成,你怎么办?
- 你能适应高强度加班的工作状态吗?
- 这个岗位出差和加班比较多,你能适应吗?

关于能否接受加班，求职者只要给出正面回答就可以获得高分吗？不一定！通常情况下，面试官会继续追问一系列问题来考查求职者的抗压能力，请看张三的面试案例。

案例

面试官："你对加班怎么看？"

张三："当下加班的情况很普遍，尤其是公司处在快速发展阶段或者处在市场竞争激烈的行业。"

面试官："你能接受加班吗？"

张三："我可以接受，没问题。"

面试官："你有过加班的经历吗？请举例。"

张三："我有过加班经历，而且在校期间和实习的时候都有过。第一段经历是上大学二年级的时候，我参加全校英语比赛。在最终决赛阶段，我获得了二等奖的成绩。我记得当时报名的同学很多，学校进行了多轮筛选，越往后竞争越激烈。在初赛、复赛和决赛期间，我在晚自习和回到宿舍后会加强练习。在决赛前一周，每天晚上我都要巩固练习，直到凌晨1点左右……"

面试官："打断你一下，听上去你们学校的英语比赛难度不小？"

张三："是的。我校的英语比赛已经连续举办多年，该项比赛考查选手的英文综合能力，涉及词汇量、演讲能力和英文才艺表演等。我不是英语专业的学生，所以有不小的参赛压力。"

面试官："最终有多少人进入决赛？"

张三："15人。"

面试官："这15人都有奖项吗？"

张三："我记得一等奖1人，二等奖2人，剩下的是三等奖和优秀奖。我获得的是二等奖。"

面试官："好的。说说实习期间你的加班经历吧。"

张三："在A公司，我有将近两个月的实习经历。当时入职三天后，公司安排我进入花山项目做助理。项目经理要求很高，我经常加班到晚上七、八点，而且周六、日也加班。"

面试官："你是实习生，为什么还要加班？"

张三："有两个原因，第一，公司提前告知会有加班的情况，我做好了心理准备，愿意接受工作的挑战；第二，这个花山项目有大量的基础性工作，比如文件整理、数据调研、标书起草和修改等，这些工作内容我需要边学边做，多数情况是我主动要求加班的。"

面试官："具体说说是怎么加班的？"

张三："我在这个项目工作了三周时间。在工作日，我经常会加班到七、八点，主要是完成白天没有做完的事情；在最后投标的关键阶段，周六、日我也去加班。一开始，项目经理让我做的是复印、打印、文字校对等工作。渐渐地，项目经理让我参与数据调研和统计工作。最后，我协助其他组员起草和修改标书。下班后，项目经理会组织大家做总结和复盘，我主要负责会议内容的记录和整理。周末，项目组召开紧急会议，我也会参加。"

面试官："说说你对这段实习经历的感受。"

张三："我的感受有三点。第一，从学校进入职场，需要学习的东西太多了。实习过程中，那些看似比较容易的事情，一上手才发现难度不小，在花山项目上加班很多，有的时候是因为自身能力不足，做事效率不高导致的。第二，这段实习经历培养了我的责任心和执行力。在项目组中，我感受到来自身边同事的正能量。在时间紧急和任务繁重的情况下，每个组员都能够秉持严谨和负责的工作态度，加班加点也要完成工作。作为他们中的一员，我也经受住了项目的考验。第三，这段实习经历让我增强了求职的自信心。实习期间，我克服了各种困难，承受了加班的考验并且坚持到了项目结束。因此，我很有信心迎接未来工作的挑战。通过英语比赛和实习期间的经历，我的抗压能力得到很好的锻炼，而且责任心、执行力和学习能力也得到了提升。我非常期望获得这个工作机会，我很有信心能胜任未来的工作岗位。"

分析

在上述对话中，面试官提出了一系列问题来了解张三过往的加班经历。

- 你对加班怎么看？
- 你能接受加班吗？
- 你有过加班的经历吗？请举例。
- 具体说说是怎么加班的？
- 说说你对这段实习经历的感受。

面试官采用的提问逻辑是：先询问求职者对加班怎么看，这是了解求职者对加班的态度；接下来让求职者列举过往加班的经历，这里是考查的重点；最后询问求职者对加班经历的感受和收获。

张三列举了两段加班经历，见表 4-1。

表 4-1　张三的两段加班经历

回答内容	参加英语比赛	实习期间的花山项目
事件概述	上大学二年级的时候，参加学校英语比赛，获得了二等奖	在 A 公司，进入花山项目做助理，经常加班到晚上七、八点，而且周六、日也加班
事件结果	在最终有 15 人参赛的决赛中，获得了二等奖	工作日经常加班到晚上七、八点，而且周六、日也加班。这个项目持续了三周时间，我坚持到了最后
加班过程	学校进行了多轮筛选，越往后竞争越激烈。在初赛、复赛和决赛期间，我在晚自习和回到宿舍后加强练习。	我在这个项目工作了三周时间。在工作日，我经常会加班到七、八点，主要是完成白天没有做完的事情；在最后投标的关键阶段，周六、日我也去加班。一开始，项目经理让我做的是复印、打

续表

回答内容	参加英语比赛	实习期间的花山项目
加班过程	在决赛前一周,每天晚上我都要巩固练习,直到凌晨1点左右……	印、文字校对等工作。渐渐地,项目经理让我参与数据调研和统计工作。最后,我协助其他组员起草和修改标书。下班后,项目经理会组织大家做总结和复盘,我主要负责会议内容的记录和整理。周末,项目组召开紧急会议,我也会参加

面试官重点考查了张三在花山项目的实习经历,对于实习的感受,他表达了三点以及求职意愿,见表4-2。

表4-2 张三的感受和求职意愿

实习感受	具体的回答内容
感受一	从学校进入职场,需要学习的东西太多了
感受二	这段实习经历培养了我的责任心和执行力
感受三	这段实习经历让我增强了求职的自信心
表达求职意愿	我非常期望获得这个工作机会,我很有信心胜任未来的工作岗位

在上述事例中,通过"你对加班怎么看"到"你能接受加班吗",再到"举例说说加班的经历",面试官采用层层递进的方式进行提问,给到求职者的压力也越来越大。在此过程中,为了证明自己有较好的抗压能力,求职者应避免空谈,多举一些在校期间和

实习期间的事例,常见的事例如下。

- 参加比赛或者竞赛。
- 参加学习项目、课题研究。
- 参加社会公益活动或者担任志愿者。
- 有过加班的实习经历。

如果没有上述经历,求职者也可以参考如下事例。

- 担任班干部或者学生会干部的经历。
- 以组织者的角色组织活动的经历。
- 备考技能证书的经历。

二、面试建议

"对加班有何看法"和"能否接受加班"都是常见的考查抗压能力的问题。能否高质量地回答此类问题在很大程度上影响了面试的最终结果,因此给还未毕业的在校大学生三点建议。

第一,积极参加校园和班级活动,主动承担班级事务。

第二,积极参加比赛、竞赛、与专业相关的课题项目。

第三,积极参与社会实践活动,包括有挑战性的实习工作。

 **求职小贴士**

关于加班一类的面试问题旨在考查学生的抗压能力，因此需要多准备一些体现自己有上进心、能吃苦和有责任心的事例。

第三节
你并非名校毕业，你认为自己的优势是什么

一、问题解读

"你并非名校毕业，你认为自己的优势是什么？"这个问题听起来有些刺耳，有人认为面试官在挑剔求职者，甚至带有歧视的意思。如何应对这个问题，有两种常见的方式。

第一种方式，这个问题不尊重求职者，求职者应向面试官提出抗议，比如要求面试官更改用词或者拒绝回答。

第二种方式，这是个压力面试问题，求职者应把回答的重心放在后半句，即应聘这个岗位的优势是什么。

不排除有些面试官欠缺职业素养，在面试现场会提问一些让求

职者很不舒服的问题，比如涉及个人隐私、宗教信仰、身体状况等问题，但上述情况毕竟是个案。"你并非名校毕业，你认为自己的优势是什么？"是一个压力面试的问题。此类问题还有很多，常见的问法如下。

- 你学习成绩排名一般，应聘这个岗位，你认为自己有什么优势？
- 你的实习经历太少，应聘这个岗位，你认为自己有什么优势？
- 你没有什么客户资源，应聘这个岗位，你认为自己有什么优势？
- 你没有担任过班干部，应聘这个岗位，你认为自己有什么优势？
- 你只有英语四级证书，应聘这个岗位，你认为自己有什么优势？
- 你考取的技能证书不多，应聘这个岗位，你认为自己有什么优势？
- 你没有这方面的工作经验，应聘这个岗位，你认为自己有什么优势？

面对上述问题的时候，不建议求职者有如下回应。

- 由于内心紧张，或感到不自信，从而选择回避或放弃回答。
- 不承认自己有上述问题，与面试官争辩，给自己挣回面子。
- 不正面回答，耍小聪明找各种办法试图绕过面试官的问题。

俗语说"兵来将挡,水来土掩",在回答多数压力面试的问题的时候,建议求职者做到以下三点。

第一,不要紧张,以积极的态度应对。

第二,不要撒谎,给出坦诚务实的回答。

第三,抓住机会表达强烈的求职意愿。

二、回答策略

接下来通过三个案例讲解如何回答此类问题。

案例1

面试官:"你并非名校毕业,你认为自己的优势是什么?"

求职者:"面试官,我知道这个岗位的竞争非常激烈,很多求职者的教育背景非常好。与他们相比,在学校背景方面,我的确不占优势。但是,我依然相信自己有潜力胜任这个岗位的要求,理由如下。第一,我所学的专业与岗位要求匹配,专业成绩排名靠前,多次获得过奖学金。第二,在校期间我积极参与导师的课题和学术项目小组,在此期间我进一步提升了自身的专业能力。第三,为了能够更好地就业,我努力提升综合素质,比如在担任班干部期间提升了组织能力,通过参加社会公益活动提升了责任心,在实习期间提升了抗压能力等。此外,在网申阶段,我的简历能够通过筛选,说明贵公司不只看重学校背景,还可能看重专业、成绩排名、实习经历、技能证书、求职意愿等。我相信自身的综合素质是具备竞争力的。如果面试官对我还有哪些疑问,甚至是不满意的地方,都可以提出来,我会非常坦诚地回答。最后,请面试官综合考虑我的情况,我会用实际行动来证明自己不但能胜任这个岗位,还可以取得优秀的业绩。"

分析

回顾上述对话内容,这位求职者是否以积极的态度应对?是否给出坦诚务实的回答?是否表达了求职意愿?很明显,答案都是肯定的。

对于非名校毕业这一事实,求职者没有回避也没有放弃回答,而是结合自身优势给出了积极回应,她从三个层面展现了自己的优势。将求职者回答的内容进行整理,见表4-3。

表4-3 求职者回答内容整理

三个层面		回答内容
专业积累	专业匹配	所学的专业与应聘的岗位要求一致
	成绩优秀	成绩排名靠前,多次获得过奖学金
	专业锻炼	参与导师的课题和学术项目小组
综合素质	组织能力	担任过班干部
	责任心	参加社会公益活动
	抗压能力	实习期间得到锻炼

续表

三个层面	回答内容
求职意愿	■ 愿意进一步回答面试官的问题 ■ 请求综合考虑，给予工作机会 ■ 相信自己能够取得优秀业绩

从专业积累、综合素质和求职意愿三个方面，求职者给出了很有逻辑的回答。但是，回答的内容还需要再具体一些，最好有数据支撑或者详细的事例来增强说服力，建议见表4-4。

表4-4 给求职者的建议

	求职者具备的优势		给求职者的建议
专业积累	专业匹配	所学的专业与应聘的岗位要求一致	列举与专业相关的课程
	成绩优秀	成绩排名靠前，多次获得过奖学金	成绩排名情况，获得奖学金的次数
	专业锻炼	参与导师的课题和学术项目小组	参与哪些课题和学术项目，担任的角色和具体收获
综合素质	组织能力	担任过班干部	担任什么班干部，任职多久
	责任心	参加社会公益活动	参加哪些社会公益活动以及扮演什么角色
	抗压能力	实习期间得到锻炼	参与哪些实习以及如何提升抗压能力

案例2

面试官:"你的实习经历太少,应聘这个岗位,你认为自己有什么优势?"

求职者:"我知道这个岗位的竞争非常激烈,有的求职者实习经历比较丰富。与他们相比,在实习经历方面,我不占优势。但是,我依然相信自己有潜力胜任这个岗位,理由如下。第一,我的学习成绩还不错,专业课成绩排名在前20%,也拿过奖学金。第二,在校期间,我考取了英语四级、六级证书和计算机等级证书,而且参加了学校组织的辩论赛和英语演讲比赛,并且获奖。第三,虽然只有一段实习经历,但是实习时间比较长,有两个多月,而且得到了实习单位的好评。我简单说说这一段实习经历。在选择实习岗位的时候,我比较看重实习内容是否与专业相关,是否有一定的挑战性,所以我挑选了一个质量比较高的实习机会。在两个多月的实习中,我工作积极,学习能力比较强,出色地完成了主管委派的任务,不但获得了客户的认可,还受到了公司领导的表扬。此外,在网申阶段,我的简历能够通过筛选,说明贵公司不只是看重实习经历,还可能看重专业、成绩排名、技能证书、求职意愿等。我相信自身的综合素质是具备竞争力的。如果面试官对我还有哪些疑问,甚至是不满意的地方,都可以提出来,我会非常坦诚地回答。最后,请面试官综合考虑我的情况,我会用实际行动来证明自己不但能胜任这个岗位,还可以取得优秀的业绩。"

面试官:"能具体说说这一段实习的情况吗?比如说工作内容以及为什么客户认可你等。"

求职者:"当然可以……"

分析

回顾上述对话内容,这位求职者是否以积极的态度应对?是否给出坦诚、务实的回答?是否表达了求职意愿?很明显,答案也是肯定的。

对于实习经历少这一事实,求职者没有回避也没有放弃回答,而是结合自身优势给出了积极回应,她从三个层面展现了自己的优势。将求职者回答的内容进行整理,见表4-5。

表4-5 求职者回答内容整理

三个层面		回答内容
在校经历	学习成绩	专业课成绩排名在前20%,也拿过奖学金
	证书和获奖情况	获得英语四级、六级证书和计算机等级证书;参加学校组织的辩论赛和英语演讲比赛,并且获奖
实习经历		有一段两个多月的实习经历并得到了实习单位的好评
求职意愿		■ 愿意进一步回答面试官的问题 ■ 请求综合考虑,给予工作机会 ■ 相信自己能够取得优秀业绩

求职者回答的内容还需要再具体,最好有数据支撑或者详细的事例来增强说服力,建议见表 4-6。

表 4-6 给求职者的建议

求职者具备的优势		给求职者的建议
学习成绩	专业课成绩排名在前 20%,也拿过奖学金	在多少人中排名前 20%,获得奖学金的次数
证书和获奖	获得英语四级、六级证书和计算机等级证书;参加学校组织的辩论赛和英语演讲比赛,并且获奖	辩论赛的获奖情况;英语演讲比赛的获奖情况
实习经历	有一段两个多月的实习经历并得到了实习单位的好评	实习工作内容是什么;为什么实习单位给予好评

虽然只有一段实习经历,但是求职者用"两个多月""质量比较高""客户认可""领导的表扬"等关键词强调了这段实习经历的成果和收获。这就使得提问重心从"实习经历太少,应聘这个岗位,有什么优势?"转向"能具体说说这一段实习的情况吗?比如说工作内容是什么?为什么客户会认可……"从而有助于求职者赢得工作机会。

案例 3

面试官:"你没有什么客户资源,应聘这个岗位,你认为自己有什么优势?"

求职者："在客户资源方面，对比众多求职者我并不占优势。但是，我并不认为自己不能胜任这个岗位，反而我有信心干好这个工作。在拓展客户资源方面，我有如下设想。第一，利用微信宣传方式拓展人脉，虽然用微信推广并不一定精准，但是长期做还是会吸引到潜在客户。第二，服务好现有客户，借助口碑相传的方式拓展新客户，这种方法的精准度比较高。第三，研究竞争对手的产品和营销策略，从对手那里挖掘客户。我认为拓展客户资源比拼的是综合能力，比如沟通能力、学习能力、执行能力、创新能力和吃苦耐劳精神等。我相信自身的综合素质是具备竞争力的。如果面试官对我还有哪些疑问，甚至是不满意的地方，都可以提出来，我会非常坦诚地回答。最后，请面试官综合考虑我的情况，我会用实际行动来证明自己不但能胜任这个岗位，还可以取得优秀的业绩。"

面试官："你的这些设想很有趣。能举例说说如何用微信拓展人脉资源吗？"

求职者："当然可以……"

分析

回顾上述对话内容，这位求职者是否以积极的态度应对？是否给出坦诚务实的回答？是否表达了求职意愿？很明显，答案是肯定的。

对于客户资源少这一事实，求职者没有回避也没有放弃回答，他从三个层面展现了自己的优势。将求职者回答的内容进行整理，见表4-7。

表4-7　求职者回答内容整理

三个层面	回答内容
如何拓展客户资源	第一，利用微信宣传方式拓展人脉，开发潜在客户 第二，服务好现有客户，借助口碑相传的方式拓展新客户 第三，研究竞争对手的产品和营销策略，从对手那里挖掘客户
需要具备什么能力	沟通能力、学习能力、执行能力、创新能力和吃苦耐劳精神
求职意愿	■ 愿意进一步回答面试官的问题 ■ 请求综合考虑，给予工作机会 ■ 相信自己能够取得优秀业绩

虽然求职者没有客户资源的优势，但是看得出为了回答这个问题，他做了精心的准备，比如提前想好拓展客户资源的方法和需要具备什么能力等。但是，面试官很可能让求职者举例证明具备学习能力、执行能力、创新能力和吃苦耐劳精神等特点。如果求职者能说服面试官，他很可能会获得这个工作机会。

综上所述，面试官会从教育背景、考试成绩、技能证书、实习经历等角度找求职者的"软肋"，从而给他们施加压力，这就需要求职者在面试之前对自己的优势、劣势有比较清晰的认知，对所应聘的岗位要求有所了解，提前准备好如何应对此类压力面试的问题。为了更好地择业和就业，建议求职者在校期间提早准备，弥补在学历、专业、成绩、技能证书、社会实践、工作经验等方面的不足，努力提升自己。

求职小贴士

> 面对来自面试官的质疑，求职者需要保持平和的心态，给出积极的回应，详细阐述自身的综合优势，最后表达诚恳的求职意愿。

第四节
如果没有录用你，你认为可能的原因是什么

一、问题考点

"如果没有录用你，你认为可能的原因是什么？"这个问题重在考查以下三个能力。

- 临场应变能力。在遭受批评、质疑或者否定的时候，求职者能否保持积极心态，第一时间做出应对，并采取灵活、机动的方式快

速解决问题。

⬢ 心理承受能力。在内心紧张、压抑、不愉快的时候，求职者能否采取恰当方式让自己放松并释放压力，逐步稳住情绪并恢复到正常的心理状态。

⬢ 问题分析和解决能力。求职者能否抓住问题重点，从根源上思考产生问题的原因和解决方案，并从中选取最佳的解决办法。

二、回答策略

面试官之所以问这个问题，多数情况下，他们可能对求职者的表现并不满意，希望通过这个问题引导求职者反思并认识到自身需要改进的地方。在这种情况下，求职者应保持冷静和积极的心态，不可气馁；同时，应当给出坦诚且务实的回答，敢于面对自己的不足并真实地展现自己的能力和潜力；另外，也要抓住机会向面试官表达强烈的求职意愿。这样的话，求职者不仅能够体现自己的职业素养和应变能力，还能提升在面试官心中的好感度，助力求职成功。

案例 1

面试官："如果我们没有录用你，你认为原因是什么？"

求职者："您的提问让我开始反思自身存在的不足。我找到两处原因。第一，在没有完全理解问题的时候，我急于回答，可能有些偏题和跑题，而且这种情况发生了两次。第二，参加面试前，我没有充分准备，对应聘岗位的认识不够全面。其实80%的问题都不难回答，但是我偏偏没有答好这些问题，我感到非常惭愧。在此我愿意接受面试官的批评和指正。虽然在今天的面试中，我的表现并不理想，但是我非常希望加入贵公司，如果能给我工作机会，我会倍加珍惜，通过努力工作为公司创造价值。"

分析

如果表现不理想，在回答这个问题的时候，求职者可以放下心理包袱，坦诚地向面试官阐述自己的不足，但是，需要言简意赅，避免啰唆。回答策略是：首先，剖析自己的不足，并找出原因；其次，敢于自我批评，例如"我偏偏没有答好这些问题，我感到非常惭愧"；最后，求职者要抓住机会表达求职意愿，例如，"我非常希望加入贵公司，如果能给我工作机会，我会倍加珍惜，通过努力工作为公司创造价值。"

"如果没有录用你，你认为原因是什么？"其实这个面试场景与工作中被客户拒绝的场景有些相似。假设A公司销售人员张三在拜访客户王总的时候，王总拒绝了他的产品。张三是放弃这次合作机会，还是想办法再争取一下？答案就在下面的案例中。

案例 2

王总:"这次没有选择你们,因为你们的这款产品不是很匹配我们的需求。"

张三:"那么贵公司不考虑我方产品了,是吗?"

王总:"是的。"

张三:"感谢王总,期待下次合作的机会。"

案例 3

王总:"这次没有选择你们,因为你们的这款产品不是很匹配我们的需求。"

张三:"那么贵公司不考虑我方产品了,是吗?"

王总:"是的。"

张三:"我猜测没有选择我们的原因,一方面是我方产品没有很好地匹配贵公司的需求;另一方面可能是其他公司的产品更合适你们。但是,我非常希望能够与王总达成合作,因此我愿意倾听你们的要求,然后对我方产品做出改进和完善,从而满足贵公司的需求。期待与您尽早合作!"

对比上面两组对话,显然,案例 3 中张三的回应方式值得借鉴。原因如下。

第一，明确合作目的。张三没有放弃与王总合作的机会，还在极力争取，他的目的是达成双方的合作。

第二，表达合作诚意。为了达成合作，张三愿意听取王总的要求和期望，愿意对产品进行完善和改进。

参考案例3中张三的回答方式，回到面试场景中，举例回答"如果没有录用你，你认为原因是什么？"这一问题。

案例4

面试官："如果我们没有录用你，你认为原因是什么？"

求职者："贵公司没有录用我，原因可能有两个。第一，在面试过程中，我出现了明显的错误或者失误，丢了很多分，导致面试表现不佳。第二，有比我更优秀或更合适的候选人。回顾整个面试过程，我找到两处不足。第一，我的语言表达不够精练，在自我介绍的时候超时，并在回答实习经历的时候语言啰唆，缺乏条理性。第二，在回答未来3年职业规划的时候，我没有结合应聘岗位的要求进行阐述。我非常希望加入贵公司，在此我愿意接受面试官的批评和指正。如果贵公司还能给我机会，我会倍加珍惜，通过努力工作为公司创造价值。"

面试官："刚才你提到第一个不足之处是表达能力，打算如何改进呢？"

求职者:"我在表达方面不够精练,说话啰唆,缺乏条理性。我认为提升表达能力要从三方面入手,即训练逻辑思维、学习表达技巧和敢于当众表达。第一,阅读文章并提炼中心思想,概括大意。第二,多学、多听一些演讲素材。以上两点是训练我的逻辑思维。第三,在业余时间参加提升表达能力或者训练口才的培训班,其目的是学习表达技巧。第四,也是最重要的一点,在平时敢于当众讲话,多与人打交道。"

分析

张三被客户拒绝和求职者被面试官拒绝,这两个场景有些相似。面对来自客户或者面试官施加的压力,如何争取对自己有利的结果,张三和求职者的回答策略值得借鉴,见表4-8。

表4-8 张三和求职者的回答

回答策略	张三的回答	求职者的回答
分析失败原因	我猜测没有选择我们的原因,一方面是我方产品没有很好地匹配贵公司的需求;另一方面可能是其他公司的产品更合适你们	贵公司没有录用我,原因可能有两个。第一,在面试过程中,我出现了明显的错误或者失误,丢了很多分,导致面试表现不佳。第二,有比我更优秀或更合适的候选人

续表

回答策略	张三的回答	求职者的回答
表达合作意愿	但是，我非常希望能够与王总达成合作，因此我愿意倾听你们的要求，然后对我方产品做出改进和完善，从而满足贵公司的需求。期待与您尽早合作	我非常希望加入贵公司，在此我愿意接受面试官的批评和指正。如果贵公司还能给我机会，我会倍加珍惜，通过努力工作为公司创造价值

在分析失败原因的时候，张三和求职者都能做到首先寻找自身有哪些不足之处。在表达合作意愿的时候，二人都表示愿意听取对方的意见并做出改进，而且态度非常诚恳，期待未来能达成合作。

 求职小贴士

"如果没有录用你，你认为可能的原因是什么？"回答这个问题的关键在于以下三方面。

● 秉持积极和务实的态度对自己的面试表现给出客观评价。

● 秉持谦逊态度，愿意倾听面试官的意见或批评，并改进。

● 不轻言放弃，抓住机会向面试官表达强烈的求职意愿。

第五节
作为应届毕业生,你缺乏经验,你认为如何能够胜任这项工作

一、问题考点

应届毕业生确实缺乏工作经验,这是一个无法回避的事实,在回答此问题时,许多求职者可能会感到巨大的心理压力。有些求职者可能会因此失去自信,表现得像泄了气的皮球;有些则可能勉强回答,但言辞苍白无力,缺乏说服力;还有一些求职者可能会不服气,与面试官争辩,认为公司是在故意挑剔。这些做法都是不明智的,实际上,这个问题有以下三个考点。

第一,考查抗压能力。面试官希望看到,即使面对缺乏工作经验的困境,求职者仍然能够以积极的心态来应对挑战。

第二,考查自我认知。面试官希望求职者能够清晰地认识到自身的优势和不足,并思考如何通过学习和努力来弥补这些不足,以满足岗位的要求。

第三,考查求职意愿。面试官希望看到求职者有强烈的求职意愿,能够积极争取工作机会,并展现出诚恳的态度。

因此，面对这样的问题，求职者应保持冷静，以积极态度应对，给出坦诚务实的回答，向面试官展示自己的抗压能力、自我认知和求职意愿，以赢得面试官的青睐。

二、回答策略

A 公司新媒体运营岗位招聘，张三、李四和王五前来应聘，以下是张三与面试官的对话。

案例1

面试官："你有新媒体运营相关经验吗？"

张三："没有。"

面试官："没有这方面的经验，如何胜任这项工作？"

张三："虽然缺乏相关经验，但是我可以通过自学来快速弥补。现在网络上教授新媒体技能的素材非常多，我之前也关注过类似内容，对这个领域并不陌生……"

分析

虽然张三表示会通过自学的方式来获得工作经验，但是关于如何胜任这项工作，他没有给出有说服力的回答。

以下是李四与面试官的对话。

案例 2

面试官:"你有新媒体运营相关经验吗?"

李四:"在校期间,我曾经运营过几个微信群,有一点这方面的经验。"

面试官:"是什么微信群?请具体说说。"

李四:"是类似于拓展学习兴趣的微信群,我在群里是管理员,负责分享学习知识、发布讲座通知和组织报名等。"

面试官:"你所说的经验与公司招聘岗位的要求还有不小的差距。你能胜任这项工作吗?"

李四:"我认为自己多少有一些新媒体运营的经验,而且可以在工作中边干边学,如果有机会加入贵公司,我相信自己能够胜任这个岗位的工作。"

分析

与张三相比,李四可以给出一点相关经验,也表达了求职意愿,但是李四举的例子仍然缺乏说服力。

以下是王五与面试官的对话。

案例3

面试官:"你没有新媒体运营相关经验,如何胜任这项工作?"

王五:"虽然缺乏相关经验,但是我能够胜任这个岗位。首先,对照新媒体运营岗位的要求,我的确缺乏经验。该岗位要求求职者有选题策划、推广和撰稿的经验;有扩大粉丝数量和提升粉丝活跃度的运营经验;还需要有数据调研、收集和分析数据的经验等。对于上述要求,我是这样考虑的。第一,在校期间,我运营过推广学习兴趣的微信群。我是群管理员,负责分享学习知识、发布讲座通知和组织报名等。这个微信群最初只有几十人的规模,在半年里就增加到五百人。第二,我的学习能力很强。在课余时间,我自学了音频、视频的剪辑工具,如Photoshop,能够在抖音和小红书上剪辑并发布视频。第三,我具备很强的工作主动性和责任心,对于平时加班加点或者高强度的工作,我都可以适应。其次,我想说在校学习和实习的时候,都碰到过很有挑战的事情,当时也都是没有经验。但是那些困难都没有难倒我,反而提升了我的抗压能力。最后,我真诚地希望面试官能够给我这次工作机会,我乐意迎接这个岗位工作的挑战,我相信自己一定可以胜任而且会做得非常好!"

分析

王五是否做到了以积极心态应对,想办法弥补不足,并抓住机会表达求职意愿呢?答案显然是肯定的。现对王五的回答内容进行整理,见表4-9。

表4-9 王五回答内容整理

考点	回答内容
考查抗压能力	虽然缺乏相关经验,但是我能够胜任这个岗位。首先,对照新媒体运营岗位的要求,我的确缺乏经验。该岗位要求求职者有选题策划、推广和撰稿的经验;有扩大粉丝数量和提升粉丝活跃度的运营经验;还需要有数据调研、收集和分析数据的经验等
考查自我认知	第一,在校期间,我运营过推广学习兴趣的微信群。我是群管理员,负责分享学习知识、发布讲座通知和组织报名等。这个微信群最初只有几十人的规模,在半年里就增加到五百人。第二,我的学习能力很强。在课余时间,我自学了音频、视频的剪辑工具,如Photoshop,能够在抖音和小红书上剪辑并发布视频。第三,我具备很强的工作主动性和责任心,对于平时加班加点或者高强度的工作,我都可以适应
考查求职意愿	我真诚地希望面试官能够给我这次工作机会,我乐意迎接这个岗位的工作挑战,我相信自己一定可以胜任而且会做得非常好

王五的回答思路很清晰:首先,敢于承认不足;其次,阐述解决办法;最后,积极争取机会。这个回答一气呵成,其亮点是:能

够结合招聘岗位的要求，有针对性地挑选事例进行说明，避免空谈。如此高质量的回答不是临场发挥就能达到的效果，很有可能王五预测了面试官的问题并提前做了准备。

刚刚毕业，大多数求职者确实难以完全满足公司对于工作经验的要求，这使得他们在面试中可能处于被动地位。然而，那些精准抓住问题考点并给出高质量回答的求职者，往往能够将这种被动局面转变为主动，从而为自己争取成功的机会。但是，高质量的回答并非凭空而来，它往往需要求职者具备丰富的学习和实习经历作为支撑。因此，建议求职者在参加面试前，对应聘岗位的各项要求进行深入分析，同时，还应全面评估自身的优势和不足，提前思考回答问题的策略。

 **求职小贴士**

面试官不会因为求职者缺乏工作经验就淘汰他们，淘汰他们的真实原因可能是：求职者对自己缺乏信心、没有积极的改进心态和切实可行的改进措施，以及求职意愿不强烈。建议求职者以积极心态应对，想办法弥补不足，并抓住机会表达求职意愿。

第六节
已有工作任务在身，可领导又安排你做其他事情，你会如何处理

一、问题考点

假设有这样一个场景，张三在 A 公司实习，岗位是行政助理。他的日常工作是协助行政经理整理资料、复印打印、接打电话、接待客户、收发快递等比较琐碎的工作。今天一上班，行政经理给他安排了一项新的任务：下班前把各部门下半年办公用品的申报需求整理出来，并制作成 Excel 表发给她。

张三着手要做这件事情的时候，公司的一位高管路过他的工位，问了一句："你在学校考过英语四级、六级吗？"

张三回答："我已经考过四级了，六级还没考。"

领导说："给你一份英文版的产品说明书，今天抽空翻译一下，下班前给我电子版就好。"

遇到上述情况，张三如何处理？

已有工作任务在身，领导又安排其他事情，该怎么办？除上述场景外，可能还有下列类似的面试问题。

● 临下班还有不到一小时，领导给你安排了一项工作任务并要求尽快完成，但是有可能会错过班车，你打算如何处理？

● 周六你在家休息，一大早突然接到领导电话。原来是有个项目组急缺人手，需要增加帮手，领导希望你加两天班，如何回复？

● 周五下班前，领导询问你周末是否可以出差。可是原计划你要与导师商讨论文的事，而且导师的时间很难约，你怎么办？

上述这些问题主要考查求职者三个方面的能力。

第一，考查抗压能力。通过模拟工作中的困难和挑战，观察求职者的第一反应，考验其应变能力和心理承受能力。

第二，考查分析能力。在遇到紧急和突发事件时，求职者能否快速有效地分析问题并给出合理的解决方案。在面对两难选择时，求职者如何做出取舍，这么做的判断依据和底层逻辑是什么？

第三，考查求职意愿。通过模拟未来工作场景，比如快节奏的工作方式、紧急和突发事件等，观察求职者的心态变化，从而判断其求职意愿。

二、回答策略

求职者想获得高分，有效的回答策略是：首先，向面试官展现积极的应对态度；其次，有理有据地分析问题并给出合理的解决方案；最后，表达求职意愿。

案例 1

面试官:"临下班还有不到一小时,领导给你安排了一项工作任务并要求尽快完成,但是有可能会错过班车,你打算如何处理?"

求职者:"在这种情况下,我会立即着手去做这件事情,尽可能在下班前完成。考虑到临近下班时间比较紧急,我会先花几分钟时间与领导沟通工作细节,包括任务目标、工作量和注意事项。如果这项工作可以回家做,我会征求领导意见尽量允许我在家完成工作,这样就不会错过班车。如果不能,我就做好在公司完成工作的准备,并向领导承诺交付的时间。未来职场中,临下班前被分配工作任务的情况在所难免,我已有心理准备,请面试官放心,我会秉持尽职尽责的态度高质量完成此类工作任务。"

分析

这位求职者不但向面试官展示了积极态度,而且有理有据地分析并给出了问题的解决方案。另外,在解决方案中,求职者也展现了良好的沟通意识,体现在:一方面,她选择与领导沟通工作的细节,以确保高质量完成任务目标,避免跑偏和返工;另一方面,她主动与领导沟通能否在家完成工作,并向领导承诺交付的时间。

案例中求职者的回答内容正好对上了前述的回答策略，见表4-10。

表4-10 求职者回答内容整理1

回答策略	回答内容
展现积极的应对态度	在这种情况下，我会立即着手去做这件事情，尽可能在下班前完成
分析问题并给出解决方案	考虑到临近下班时间比较紧急，我会先花几分钟时间与领导沟通工作细节，包括任务目标、工作量和注意事项。如果这项工作可以回家做，我会征求领导意见尽量允许我在家完成工作，这样就不会错过班车。如果不能，我就做好在公司完成工作的准备，并向领导承诺交付的时间
表达求职意愿	未来职场中，临下班前被分配工作任务的情况在所难免，我已有心理准备，请面试官放心，我会秉持尽职尽责的态度高质量完成此类工作任务

案例2

面试官："周六你在家休息，一大早突然接到领导电话。原来是有个项目组急缺人手，需要增加帮手，领导希望你加两天班，如何回复？"

求职者："遇到这种紧急事件，我一定会去加班。一方面，公司急需人手，我会积极响应；另一方面，领导主动联系我是对我的信任，不能让领导失望。假如这个周末恰好家里有事脱不开身，而领导找我加班也比较紧急，我会这样处理:向领导说明家里有事,征求领导意见,能否让我先处理家里的事情,然后再去加班。或者,我与家人做好沟通,说明加班的重要性,先选择去加班。未来职场中,周末紧急加班的情况在所难免,我已有心理准备,除非家里面有非常重要的事情我实在走不开,绝大多数情况我都能以工作为重,请面试官放心。"

分析

这位求职者的回答有两个亮点。

求职者不但给出了明确答复——"我一定会去加班",还消除了面试官的疑虑,即选择加班是为了迎合面试官的提问,还是求职者内心的真实想法?求职者通过与领导和家人主动沟通的方式来处理加班的问题,并在最后强调"除非家里面有非常重要的事情我实在走不开,绝大多数情况我都能以工作为重"。这样的回答便直接消除了面试官的疑虑,即"我一定会去加班"并不是迎合提问的答复,而是求职者综合考量之后的优先级排序。求职者回答内容整理见表4-11。

表4-11 求职者回答内容整理2

回答策略	回答内容
展现积极的应对态度	遇到这种紧急事件,我一定会去加班。一方面,公司急需人手,我会积极响应;另一方面,领导主动联系我是对我的信任,不能让领导失望

续表

回答策略	回答内容
分析问题并给出解决方案	假如这个周末恰好家里有事脱不开身,而领导找我加班也比较紧急,我会这样处理:向领导说明家里有事,征求领导意见,能否让我先处理家里的事情,然后再去加班。或者,我与家人做好沟通,说明加班的重要性,先选择去加班
表达求职意愿	未来职场中,周末紧急加班的情况在所难免,我已有心理准备,除非家里面有非常重要的事情我实在走不开,绝大多数情况我都能以工作为重,请面试官放心

回答此类问题的时候,向面试官展示自己的积极态度并不困难,有难度的是如何做到有理有据地进行分析并给出问题解决方案。来看第三个例子。

案例 3

面试官:"周五下班前,领导询问你周末是否可以出差。可是原计划你要与导师商讨论文的事,而且导师的时间很难约,你怎么办?"

求职者:"一个是周末出差,另一个是周末见导师,如何做出选择?我的选择依据是先做重要且紧急的事,即我会综合考虑事情的重要性和紧急性,从而做出优先级的选择。先说说与导师商讨论文的事情,考虑到导师的时间很难约以及毕业论文的重要性,我判定这件事情既重要又紧急;再说出差的事情,我判定这件事情比较紧急,但是不知道出差的具体事宜,所以是否重要暂不确定。综上所述,我会优先选择周末与导师商讨论文。但是,如果周末出差的事情紧急且重要,我会优先考虑出差。我认为无论怎样选择,沟通非常重要。如果选择见导师,我要尽快找领导解释不能出差的原因并请求谅解;如果选择出差,我需要尽快通知导师并重新预约见面的时间。在实习期间碰到类似的两难选择,我大概率会选择见导师,我相信领导也会理解;但是在未来的职场中,很可能需要放弃休息时间加班或者出差,对此我已有心理准备。请面试官放心,绝大多数情况我都能以工作为重,高质量完成工作任务。"

分析

这位求职者能做到有理有据地进行回答。她没有一味地迎合面试官,而是从事情的重要性和紧急性的角度思考问题,清晰地阐述了优先选择见导师的原因,回答内容整理见表 4-12。

表 4-12　求职者回答内容整理

事项	紧急性 (是/否/未知)	重要性 (是/否/未知)	如何选择
周末见导师	是	是	考虑到导师的时间很难约以及毕业论文的重要性,判定这件事情既重要又紧急,大概率会选择见导师

续表

事项	紧急性（是/否/未知）	重要性（是/否/未知）	如何选择
周末出差	是	未知	判定这件事情比较紧急，但是不知道出差的具体事宜，所以是否重要暂不确定。但是，如果周末出差的事情紧急且重要，会优先考虑出差

在回答的后半部分，求职者还表达了三个意思：第一，无论怎样选择，她会主动与领导或者导师沟通；第二，她已经做好了在未来职场以工作为先的心理准备；第三，她抓住机会向面试官表达了强烈的求职意愿。从整体上看，求职者的回答思路清晰、有理有据而且系统全面。

 **求职小贴士**

面对此类已有任务在身，又遇紧急工作的问题情境，求职者一定要给出积极的回应；更重要的是，求职者要有独立思考的能力，并给出有理有据的回答。

第五章
行为面试法与求职心态

第一节
行为面试的原理和回答策略

一、行为面试的原理

面试需要注意的地方有很多：面试前的准备，比如简历和着装；面试中的表现，比如礼仪和举止；面试过程的复盘和总结；等等。这些因素都会影响面试的成败。但是有没有要特别注意的地方？建议求职者认真准备面试官提出的行为面试问题。

什么是行为面试？行为面试的英文是 behavioral interview，即面试官为了评价求职者某方面的素质特征而询问与之相关的过往的学习、工作或者生活经历。行为面试的基本假设是：一个人过去的行为特点、习惯和模式可以用来预测这个人未来的行为或者表现。以下是校园招聘常见的行为面试问题，见表5-1。

表5-1 常见行为面试问题举例

能力 考查项	行为面试问题举例
沟通 协调	分享在校期间或者实习期间遇到的最困难的沟通协调的事例。并要求求职者详细描述：

续表

能力考查项	行为面试问题举例
沟通协调	■ 当时遇到哪些困难？ ■ 其中最困难的是什么？ ■ 最困难的事情是如何解决的？
积极主动	①说说大学四年时间，你是如何度过的？ ②在校期间，你如何规划自己的课余时间？ ③在校期间，除了学习外，你还做了哪些有意义的事情？ ④为了更好地择业和就业，在校期间你都做了哪些准备？
团队合作	①举例在校期间或者实习期间最能够证明或体现出你对他人谦让、包容或主动理解他人（换位思考）的事例。 ②举例在校期间或者实习期间最能够证明或体现出你对身边的人主动提供支持、帮助、辅助、协助，甚至是无私付出的事例。 ③你是如何处理与他人之间的分歧或矛盾的？分享一个相关事例。
学习能力	①是否参加过学术项目或者课题小组？如果有，请举例。 ②分享通过自己主动学习解决了实习工作难题的成功事例。 ③在校期间考取过哪些证书？是否有印象深刻的经历？请举例。 ④分享一个有效的学习方法，即快速提升自己某项能力的成功事例。 ⑤你经常通过什么方式、渠道、媒介或者途径获得新知识和新技能？请举例。

续表

能力考查项	行为面试问题举例
执行能力	①分享一个在校期间或者实习期间不达目标誓不罢休的事例。 ②分享在实习期间，在时间紧和任务重的情况下，仍然较好地完成工作任务的一次经历。 并要求求职者详细描述： ■ 时间有多紧张？ ■ 任务有多困难？ ■ 结果如何？ ■ 怎么做的？
工作严谨	①在校和实习工作中，哪些经历提升了你的严谨细致的行事风格？ ②在严谨细致方面，你养成了哪些好习惯？请举例。
阳光心态	①你是一个乐观积极的人吗？请举例。 ②说说被老师或者领导批评的一次经历。 并要求求职者详细描述： ■ 当时他说了什么？你是怎么想的？之后怎么做的？ ■ 你认为这个经历对你有何影响？
抗压能力	①实习的时候加过班吗？说说当时加班的经历。 ②分享实习工作中，加班加点完成工作的经历。 ③你能适应未来加班的要求吗？请举例。
自我认知	①你认为阻碍自己成长的最大的缺点是什么？ 并要求求职者详细描述： ■ 你是什么时候发现这个缺点的？ ■ 为了改正这个缺点，你做了哪些尝试或者努力？ ■ 效果如何？ ②在实习工作中，曾暴露过哪些不足、短板或者缺点？

续表

能力 考查项	行为面试问题举例
自我认知	并要求求职者详细描述： ■ 说说当时发生了什么？ ■ 之后你都做了什么？ ■ 结果如何？
创新能力	①你是否有过成功的创新事例？如果有，介绍一下具体过程。 并要求求职者详细描述： ■ 在这个案例中，能体现你有创新的亮点是什么？ ■ 你认为哪些细节能体现出你的创新能力？ ②你获得过发明创造的专利吗？ 并要求求职者详细描述： ■ 简述这个发明创造的经历。 ■ 你是第几作者？
吃苦耐劳	①有过实习经历吗？ 并要求求职者详细描述： ■ 做了多久？ ■ 具体做什么？ ■ 有何收获或者成长？ ②在所学的专业方向上，与你的同学相比，你有什么优势？学习过程中有什么难忘的经历？

通过行为面试，面试官可以了解求职者过去的经历并对他们未来的工作表现进行预判。因此答好此类问题的关键就在于求职者能否围绕面试官所考查的能力项具体描述与之相关的事例。由此给求职者的建议是：采用 STAR 法则来描述过去的经历。STAR 是

situation（背景信息）、target/task（目标/任务）、action（行动措施）、result/review（结果/总结）的首字母缩写，这是描述过往经历的四要素，对 STAR 法则的具体解释如下。

（一）背景信息

过往经历的背景信息，包括时间、地点、相关人物等，以上信息越具体越好，会增加事例的可信度，但是也需要抓住重点进行描述，避免拖沓冗长。

（二）目标/任务

这里的目标可以理解为具体的问题、困难、任务、挑战等。求职者不要简单地说"参加比赛""考取证书""找赞助商""撰写报告""组织活动""加班加点整理资料""处理投诉""紧急任务"等，要尽可能给出详细的描述，示例如下。

- 作为班级足球队的队长，我带领球队参加全校足球比赛，目标是进入前三名。
- 作为班里第一批考取英语四级证书的学生之一，在大二上学期用三个月备考英语六级，目标是考试成绩不低于 600 分。
- 一周时间争取到 5 000 元的赞助费。
- 三周时间内完成调研报告，导师对调研报告的要求是：数据精确度高；用英文撰写。
- 作为迎新活动的组织者，需要组织近百人团队筹备晚会节目，任务包括排练节目和后勤保障等。
- 刚开始实习对业务不熟悉，需要在两周时间内熟悉业务并独立完成整理资料的工作。

🔶 临时代替同学上台演讲,半天时间内熟悉 100 多页 PPT 的内容,并自信流利地阐述。

(三)行动措施

在实现目标、完成任务、解决问题、战胜挑战的过程中,具体都做了什么,采取了哪些行动。这部分内容是求职者描述的重点,会直接影响面试官的打分,而且对求职者表达能力的要求较高,力求翔实、精准、有条理性。求职者一定要听清面试官的问题,结合考查重点给出有针对性的回答。

🔶 具体描述是怎么做的,采取了哪些步骤,采用了什么方法等。
🔶 聚焦自己做了什么,多用"我"作主语,避免使用"我们"。
🔶 避免偏题、跑题、冗长,聚焦面试官重点考查的能力展开描述。
🔶 多引用数据和可量化的信息增加事例的真实性,避免使用"如果""可能""或许""大概""也许""差不多"等词。

在 STAR 法则中,行动措施是重点,为了帮助求职者深入理解和学会使用这部分内容,以"学习能力""沟通协调""组织能力"为例进行讲解,见表 5-2。

表 5-2 行动措施举例

考查能力项	目标或任务	具体行动措施
学习能力	作为班里第一批考取英语四级证书的学生之一,在大二上学期用三个月备考英语六级,目标是考试成绩不低于 600 分	我是这样备考英语六级的:首先,我从二手书店购买了十本备考六级的辅导书,有练习题、模拟题和词汇书等;其次,我从网上收集备考六级的信息,包括题型、考试准备事项和通过六级考试的经验等;再次,除了完成日常的学习任务外,我坚持每周不少于三次去图书馆学习英语,包括语法、阅读和写作等;最后,在考试前一个月强化应试能力,通过做模拟试题来适应考试的强度
沟通协调	一周时间争取到 5 000 元的赞助费	我从两个途径入手筹集这笔赞助费。一方面,从现有的赞助商人脉圈里寻找机会,结果我拉到了 1 000 元左右的赞助费。另一方面,我从辅导员和学长那里获取新的赞助商信息。在他们的引荐下,我去拜访了三家赞助商,初次沟通后锁定了一家出售体育用品的 A 商家。当时只剩下不到 4 天时间,我就把工作重点放在了 A 商家上。我多次与 A 商家店主沟通,还约店主吃了顿便饭,其间与他达成了合作意向,条件是由我出面与校学生会联系,在校园内为 A 商家推广和宣传各种球类用品,包括羽毛球、乒乓球、排球、足球和篮球等。当时正值春夏换季,在校生户外活动量增加,很适合各种球类活动。A 商家的店主也看到了这个商机,随后很爽快地为我们提供了赞助。我从他那里一次性筹集到了 5 000 元,加上之前的 1 000 元左右赞助费,整体下来超额完成了任务

续表

考查能力项	目标或任务	具体行动措施
组织能力	作为迎新活动的组织者，需要组织近百人团队筹备晚会节目，任务包括节目排练和后勤保障等	参加节目排练的演员人数将近80人，有跳舞的、合唱的、朗诵的、演小品的和说相声的等；参与后勤保障的同学有18人。这里面最困难的是协调大家的时间，尤其是参与集体表演的同学，他们的空余时间各不相同，很难集合到一起。我想了一个办法，既然白天时间大家很难协调一致，那就集中到晚上8点或者是在周末进行排练。这个方法很有效，绝大多数同学比较配合，这个困难就解决了。还有一个困难是原本参加后勤保障的5位同学被老师抽调走了，剩下的人手就不够了。我采取了两个办法：第一，征求现有同学的意见，把后勤的各项工作重新进行分配，把调走的5位同学的任务分配给了其他同学；第二，我在微信群里征集志愿者加入，最终确定了10位同学作为晚会当天的机动人员，他们协助我们处理一些琐碎的事情

（四）结果/总结

最终事情的结果如何？这里有两种可能：第一，事情做成了，比如任务完成，目标实现或者取得了满意的成果；第二，事情没有做成，遭受了挫败，结局不太好或者低于预期。如果是成功事例，求职者要描述令人满意的结果是什么；但并不是每件事都会令人满意，如果是失败的事例，求职者需要进行总结。有时候面试官会特意要求求职者描述失败的经历,在这种情况下,为了提高回答质量,求职者可从以下三方面进行阐述。

第一,全面总结失败的原因,包括客观原因和主观原因。

第二,"吃一堑,长一智",失败之后做了哪些改进。

第三,此次失败经历带给自己的收获、帮助和意义。

案例1

虽然足球队连续两年获得全校第一名,但是第三年我们在初赛就被淘汰了。之前的目标是进入前三名,没想到这次的成绩如此之差,出乎我们的意料。赛后当天,我组织所有球员碰面,大家心情都不好。作为球队的队长,我负主要责任,并向大家检讨。从这次失败中,我得到三点教训:第一,不重视比赛。上大三了,每个人都忙各自的事情,不像之前对比赛那么重视了。第二,自满和大意。比赛前所有队员都自信满满,结果"骄兵必败"的事情就在我们身上发生了。第三,缺乏上进心。我们不是没有进入前三名的机会,毕竟球队的底子很好,但是与其他球队相比,我们组织锻炼的次数最少,也没有开会研究技术、战术和竞争对手。我认为成功会带给人喜悦,而失败让人获得成长,而且越是刻骨铭心的失败给人的提升越大。比赛失利的事情让我反思人性的弱点,比如骄傲、自满、懒惰,我明白了最大的敌人不是来自外界而是自己。我告诫自己在顺境中要保持清醒的头脑,在逆境中要反思和总结经验。

 **分析**

因为这是一个失败的事例,求职者要从总结与反思的角度重点阐述,见表5-3。

表5-3 总结与反思案例整理

回答策略	具体内容
总结失败的原因	第一,不重视比赛。上大三了,每个人都忙各自的事情,不像之前对比赛那么重视了
	第二,自满和大意。比赛前所有队员都自信满满,结果"骄兵必败"的事情就在我们身上发生了
	第三,缺乏上进心。我们不是没有进入前三名的机会,毕竟球队的底子很好,但是与其他球队相比,我们组织锻炼的次数最少,也没有开会研究技术、战术和竞争对手
收获、帮助和意义	我认为成功会带给人喜悦,而失败让人获得成长,而且越是刻骨铭心的失败给人的提升越大。比赛失利的事情让我反思人性的弱点,比如骄傲、自满、懒惰,我明白了最大的敌人不是来自外界而是自己。我告诫自己在顺境中要保持清醒的头脑,在逆境中要反思和总结经验

在这个案例中,求职者主要从自身角度出发总结失败原因,比如不重视比赛,自满、大意以及缺乏上进心等。求职者没有详细说明比赛失败的过程(也不必详述),比较深刻地阐述了此段经历对于他的重要意义,他认为"比赛失利的事情让我反思人性的弱点,

比如骄傲、自满、懒惰,我明白了最大的敌人不是来自外界而是自己。"

二、回答策略

接下来通过一个案例讲解行为面试问题的回答策略。

案例2

面试官:"分享一个在实习期间你通过主动学习解决一个工作难题的成功案例。"

求职者:"这个事情得从我大三实习的时候说起。当时我在某银行一网点担任客服助理,协助行领导完成市场调研、数据收集和资料整理的工作。领导给我的任务是在一个星期之内完成一个贵宾台账。完成这个贵宾台账要用到Excel表,那时候我使用Excel不太娴熟,而我又想给领导展现一个特别好的Excel表。我是这样计划的,在完成日常工作之余,在一周内把Excel技巧学好。虽然在校期间,我曾使用过Excel,但是我掌握的都是很初级的Excel功能。然而完成这个贵宾台账需要使用更加高级的Excel功能,如数据筛选与排序、数据透视表、用于数据分析和处理的VLOOKUP和SUMIF函数、数据连接与外部数据导入功能等。我也尝试过向身边人请教或者查阅相关书籍,但是学习效果不理想。我意识到必须要上机实操和演练才会有效果。之后每天下班回到宿舍,我坚持花两个多小时的时间一边翻看 Excel 教学资料,一边在电脑上操作。记得在前两个晚上学习的时候,我怎么都学不进去,感觉 Excel 的高级函数很难懂而且很枯燥,我很想放弃。舍友建议我可以从网上搜寻 Excel 的视频教材由浅入深地学习,如果实在学不会了,还可以上班的时候请教有经验的同事。我听取了他的建议,感觉很有效果。在一个 Excel 的学习群里,我收集了十几个 Excel 的学习视频。在视频中,我可以非常详细地了解如何一步一步使用这些高级函数,即使有些内容我还是看不懂,还可以在学习群里向 Excel 高手请教。终于在一个星期之后,我通过看视频、结合书本练习和向他人请教掌握了 Excel 高级函数的使用技巧,并结合领导给我的资料整合了一个高质量的 Excel 表。领导看到结果很满意,还特意在晨会的时候当众表扬了我。"

分析

这是一个完整的运用 STAR 法则进行阐述的事例(见表 5-4)。

表 5-4　运用 STAR 法则阐述的事例

四要素	阐述
背景信息	这个事情得从我大三实习的时候说起。当时我在某银行一网点担任客服助理,协助行领导完成市场调研、数据收集和资料整理的工作

续表

四要素	阐述
目标或任务	领导给我的任务是在一个星期之内完成一个贵宾台账。完成这个贵宾台账要用到 Excel 表,那时候我使用 Excel 不太娴熟,而我又想给领导展现一个特别好的 Excel 表。我是这样计划的,在完成日常工作之余,在一周内把 Excel 技巧学好。虽然在校期间,我曾使用过 Excel,但是我掌握的都是很初级的 Excel 功能。然而完成这个贵宾台账需要使用更加高级的 Excel 功能,如数据筛选与排序、数据透视表、用于数据分析和处理的 VLOOKUP 和 SUMIF 函数、数据连接与外部数据导入功能等
行动措施	我也尝试过向身边人请教或者查阅相关书籍,但是学习效果不理想。我意识到必须要上机实操和演练才会有效。之后每天下班回到宿舍,我坚持花两个多小时的时间一边翻看 Excel 教学资料,一边在电脑上操作。记得在前两个晚上学习的时候,我怎么都学不进去,感觉 Excel 的高级函数很难懂而且很枯燥,我很想放弃。舍友建议我可以从网上搜寻 Excel 的视频教材由浅入深地学习,如果实在学不会了,还可以上班的时候请教有经验的同事。我听取了他的建议,感觉很有效果。在一个 Excel 的学习群里,我收集了十几个 Excel 的学习视频。在视频中,我可以非常详细地了解如何一步一步使用这些高级函数,即使有些内容我还是看不懂,还可以在学习群里向 Excel 高手请教。终于在一个星期之后,我通过看视频、结合书本练习和向他人请教掌握了 Excel 高级函数的使用技巧,并结合领导给我的资料整合了一个高质量的 Excel 表
结果	领导看到结果很满意,还特意在晨会的时候当众表扬了我

求职者能给出高质量的回答,是因为他能做到以下四点。

第一,确保事例的完整性,包含 STAR 法则的四要素。在回答行为面试问题的时候,求职者一定要阐述完整的事例,这是回答行为面试问题的基本要求。

第二，紧紧围绕面试官考查的重点，有针对性地举例。"分享一个在实习期间你通过主动学习解决一个工作难题的成功案例"，这是考查学习能力的行为面试问题，因此需要求职者围绕学习能力给出事例。

第三，回答重点聚焦具体行动措施。因为是考查学习能力，所以求职者重点描述了与学习相关的行为，如一边翻看 Excel 教学资料，一边在电脑上操作，从网络上收集学习素材，向有经验的同事请教等。

第四，尽可能给出数据或者具体信息来增强事例的真实性和说服力。关于要完成的目标或任务，求职者详细阐述需要学习的技能包括"数据筛选与排序、数据透视表、用于数据分析和处理的 VLOOKUP 和 SUMIF 函数、数据连接与外部数据导入功能"；关于具体行动措施，求职者列举了"坚持花两个多小时""前两个晚上""十几个 Excel 的学习视频""在一个星期之后"等信息。

综上所述，行为面试对求职者的逻辑思维和表达能力提出了比较高的要求。求职者一定要听清楚面试官的问题，围绕行为面试考查的能力项进行回答，如考查学习能力的问题就列举与学习能力相关的事例，考查团队合作的问题就列举与团队合作相关的事例等。在举例子时，建议求职者采用 STAR 法则来回答问题。求职者如果熟练掌握上述方法和技巧，会显著提升面试成功的概率，而且学会了 STAR 法则的思维方式，将有助于提升他们在职场上的表达能力。

第二节
企业最看重的考核能力项

一、面试官的考查重点

企业的面试官往往由两类人群组成。第一类是来自人力资源部门的从业者,如人力资源经理或者招聘主管等;第二类是来自用人部门的管理者,用人部门包括营销、财务、采购、研发、生产、品控、仓储、物流等部门。人力资源部门的面试官比较看重求职者的职业素养和求职动机;用人部门的面试官比较看重求职者的专业水平和业务技能。在面试现场,上述两类面试官都注重考查求职者的积极主动性、责任感、执行能力和学习能力,这些是考查求职者未来发展潜力的重要指标。

二、考查积极主动性的面试问题

积极主动性要求求职者在学习、工作中遇到困难时,能够自动自发地解决问题。具有积极主动性的求职者往往具备如下特征。

- 时间观念比较强，准时、守时，甚至提前完成学习和工作任务。
- 学习意愿比较强，如主动学习各项技能，有钻研精神。
- 目标意识比较强，学习和工作方面有明确目标并努力实现。
- 具有紧迫感和危机意识，对自己的要求高于身边人对他的要求。

下面列举了常见的考查积极主动性的面试问题。

- 说说大学四年时间，你是如何度过的？
- 在校期间，你如何规划自己的课余时间？
- 在校期间，除了学习外，你还做了哪些有意义的事情？
- 为了更好地择业和就业，在校期间你都做了哪些准备？

被问到上述问题的时候，为了证明自己具备积极主动的特点，求职者要尽可能结合以下经历展开回答。

- 学习成绩和排名。
- 是否获得过奖学金。
- 考取了哪些技能证书。
- 在校期间读了哪些书。
- 校外实习的工作表现。
- 是否参加比赛或者竞赛，以及获奖情况。

如果考取证书的时间和获得第一份校外实习的时间早于大多数同学，在面试的时候，求职者可以此作为个人履历的亮点向面试官重点说明。以下两位求职者的回答都很吸引人，符合面试官对积极主动性的考查要求。

案例 1

面试官："说说大学四年时间，你是如何度过的？"

求职者："上学期间我是一个对自己严格要求的人。我可以从学习、学生工作及生活三个方面进行阐述。第一，在学习上，对于授课老师布置的作业，我都能准时上交，考试的时候严格遵守纪律，从无作弊现象，而且每天坚持 1 小时英语早读。我是班里第一批考取四级英语证书的人，之后也顺利考取了六级英语证书。在大学期间，每年我都能拿到优秀奖学金。第二，在校期间，我担任班长一职，对辅导员安排的任务能够做到及时上传下达，高效协助老师处理班级事务并帮助同学解决困难。担任班长期间，每年我都能获得优秀班干部荣誉，并且还曾获得过'省三好生'的称号。第三，在生活上，我也严格要求自己。上学期间，我经常晚上去操场跑步锻炼一小时。我积极做好体重及体能管理，让自己拥有充沛的精力和阳光的心态。"

分析

该求职者从学习情况、学生工作和生活自律等角度回答问题,这些可以证明她具备积极主动的特点。但是,最能够证明求职者具备积极主动特点的事例包括以下内容。

- 是否参加比赛、竞赛,以及所获得的成绩和荣誉。
- 是否参加学术类项目或者课题研究小组,扮演什么角色。
- 是否有实习经历,最好是与专业对口的实习,都做了什么。

因此,建议求职者在回答问题的时候,重点阐述与以上三点相关的内容。具体见下面的案例。

案例2

面试官:"在校期间,除了学习外,你还做了哪些有意义的事情?"

求职者:"在校期间,我参加学校举办的德航杯信号类赛道竞赛以及第十六届高教杯先进成图大赛,并分别获得校内特等奖及辽宁省一等奖的成绩。获得上述成绩很不容易。当时我在上大一,自身的专业知识储备比较薄弱,无法满足竞赛的要求,很多知识点需要自学完成,比如信号发生原理、机械工程图含义、建模软件的使用等。在竞赛准备过程中,当我遇到难题的时候,我会虚心听取指导老师给的学术建议并向学长和学姐请教竞赛经验。但是,最终的学习效果还得靠勤学苦练,毕竟能否获得好成绩取决于自身努力的程度。此外,在竞赛的关键阶段,为了赶进度,我熬夜制图,连续几天深夜焊接电路板也是常有的事。我既要完成学业任务,又不能耽误竞赛的进程,因此我只能挤出晚上时间抓紧练习,有时需要连续几天熬夜掌握建模知识,并通过反复练习巩固所学的内容。最终竞赛成绩下来后我很满意,竞赛的过程让我终生难忘。"

分析

求职者描述了自己参赛的经历,通过主动学习、熬夜加班和勤学苦练,他获得了优异的比赛成绩,这足以证明他具备积极主动的特点。

三、考查责任感的面试问题

责任感是指对自身所肩负的职责有清楚的认识,在做好"分内"事情的前提下,还能够自觉主动地承担一部分"分外"的事情。具有责任感的求职者往往具备如下特征。

- 认识到学习的重要性并积极完成学业任务。
- 愿意承担班级事务。

- 愿意承担团队工作。
- 主动分担他人的工作。
- 积极参加社会活动,如参与社会公益活动、做志愿者等。

下面列举了常见的考查责任感的面试问题。

- 你是否较好地完成了自己的学习任务?请举例。
- 你在校期间担任过班干部或者院校学生会干部吗?老师对你的工作是否满意?请举例。
- 你是否有主动承担团队工作的经历?请举例。
- 你是否有主动帮助同学的经历?请举例。
- 你是否有参加社会活动或者做志愿者的经历?请举例。

案例3

面试官:"你是否有参加社会活动或者做志愿者的经历?请举例。"

求职者:"我在校期间多次参加社会公益活动和做志愿者。从大学二年级开始,我利用暑假和寒假的时间,积极参与了社区孤寡老人献爱心活动、垃圾分类知识普及活动、安全用电知识宣传活动、二手书回收再利用活动、城市马拉松大学生志愿活动等。其中,我参加社区孤寡老人献爱心活动的时间最长,从大学二年级一直坚持到毕业,几乎每个寒暑假都会去做一段时间。我统计了一下参加上述公益活动和做志愿者的时间,大约有 800 小时。我认为在校期间,不仅可以通过实习来丰富自己的职场经验,还可以通过参加社会公益活动和担任志愿者来丰富自己的社会阅历,从而全面提升自身的综合素养。"

面试官:"有 800 小时的时间吗?"

求职者:"有的。"

面试官:"在校期间,你的学习成绩如何?"

求职者:"班级有 51 人,我的专业课成绩一般都能排在前 10 名。"

分析

求职者积极参加社会公益活动和做志愿者,并且累计时间达到 800 小时,说明求职者具备一定的社会责任感,而且并没有因为参加社会活动而耽误自己的学业,说明求职者清楚地知道自己的本职任务是好好学习,并在学习之余参与公益和志愿活动,符合面试官对责任感的考查。

案例 4

面试官:"你在校期间担任过班干部或者院校学生会干部吗?老师对你的工作是否满意?请举例。"

求职者:"我担任过班长一职,班主任让我协助她完成一些班级管理事务,比如定期组织班会、整理班会记录和班会的照片资料等。在接到组织班会的任务后,我的做法是先把本学期的班会做好排期,并提前准备好最近一期班会的内容、会议要求以及人员分工,然后按计划实施,而且会把每次班会举办的情况及时反馈给班主任。每学期结束的时候,我会整理好本学期所有的班会资料并交给班主任。因为班会是学生自发组织的活动,班主任几乎不会参加,因此有同学建议减少开班会的次数或者缩短班会时间,甚至有同学建议一次性多拍一些班会照片用来代替未来班会的照片。如此敷衍了事不是我的风格,我和同学们制定了班会制度,并严格按照此制度召开班会。因为我们的班会活动能够落到实处,集体凝聚力也变得更强。每年我们班都能获得优秀班集体的荣誉称号。"

分析

求职者列举担任班长期间组织班会的事例。表面上看,组织班会的工作难度不大,但是从描述的细节不难看出,她还是付出了很多努力,比如"会把每次班会举办的情况及时反馈给班主任""每学期结束的时候,我会整理好本学期所有的班会资料并交给班主任""我和同学们制定了班会制度,并严格按照此制度召开班会"等。从求职者主动承担班级事务和团队工作的经历来看,其特征符合面试官对责任感的考查。

四、考查执行能力的面试问题

执行能力是指高效和精准做事的能力。具有执行力的求职者往往具备如下特征。

- 做事有时间观念，准时、守时，不拖沓。
- 理解能力较好，主动沟通避免产生误解。
- 善于倾听，关注细节，避免出错。
- 具有不达目标誓不罢休的行事风格。

下面列举了常见的考查执行能力的面试问题。

- 分享一个你曾经承担过的时间紧急而且有难度的任务，最终完成的情况如何？请举例。
- 分享一个你在实习工作中不达目标誓不罢休的事例。
- 如何确保你所做的事情是领导想要的？请举例。
- 你是一个执行力强的人吗？请举例。

案例 5

面试官："分享一个你曾经承担过的时间紧急而且有难度的工作任务，最终完成的情况如何？请举例。"

求职者："2014 年暑假，我在 A 地产公司实习。当时我在某项目组工作，主要协助项目经理处理一些文档资料、会议安排等事务性工作。我记得刚进公司的时候，项目经理就给我安排了一个急活，这个任务要求用半天时间出一份月报，月报内容需包含项目信息、项目进展情况等。这个任务对我的挑战有三个方面：一是我当时不会PS等排版工具；二是刚进公司我对项目情况不了解；三是时间比较紧张，我只有半天时间完成这个任务。接到任务后，我是这样做的。首先，寻找简单可操作的月报排版工具，我发现PS软件不好快速上手，就直接排除掉这个方法。我询问了身边朋友以及通过网上搜索，发现PPT好操作，很好上手，就确定使用PPT排版做月报。其次，我立即与项目经理沟通，详细了解他对月报的整体要求，并向他确认了一些细节问题以确保我做的月报是他想要的。最后，经过排版、修改、再排版、经理审核、再修改等一系列操作后，我在规定的时间内完成了月报，并得到了公司总监的夸奖。"

分析

这个事例能够体现求职者具备时间观念、主动沟通、关注细节和不达目标誓不罢休等特点，由此可以充分证明求职者具备出色的执行能力。求职者的回答内容整理见表5-5。

表 5-5 求职者的回答内容整理

特点	对应的回答内容
时间观念	这个任务要求用半天时间出一份月报……我在规定的时间内完成了月报
主动沟通、关注细节	我立即与项目经理沟通,详细了解他对月报的整体要求,并向他确认了一些细节问题以确保我做的月报是他想要的
不达目标誓不罢休	经过排版、修改、再排版、经理审核、再修改等一系列操作后,我在规定的时间内完成了月报,并得到了公司总监的夸奖

五、考查学习能力的面试问题

学习能力有两层含义,第一层指的是记忆和理解的能力;第二层指的是能够使用所学的知识和技能解决问题的能力。具有出色学习能力的求职者往往具备如下特征。

- 主动学习。
- 勤学苦练。
- 学以致用。
- 举一反三。

下面列举了常见的考查学习能力的面试问题。

- 请你分享一个有效的学习方法。
- 说说你在校期间的学习成绩和排名情况。

- 说说你专业课考试成绩在班级或者年级的排名。
- 你考过哪些专业类的证书或者技能证书?
- 说说你成绩最好的课程,最差的课程,分析什么原因。
- 你经常通过什么方式、渠道、媒介或者途径获得新知识和新技能?
- 除了所学的专业,你还对什么感兴趣?(即专业课程以外的学习兴趣。)
- 你是否参加过竞赛或比赛?成绩如何?
- 你参加过哪些学术类的科研项目?扮演什么角色?有何收获?
- 你是否有发明专利?请举例。
- 实习期间,你通过主动学习解决了工作难题的成功案例。
- 实习期间,你在专业技能方面有何提升?请举例。

案例6

面试官:"请举例说明在实习期间,你通过主动学习解决了工作难题的成功案例。"

求职者:"在大三实习的时候,我在某银行信息专员岗位工作。主管给我的任务是在一个星期之内完成一个贵宾台账。制作这个台账要用到Excel办公软件,但是我使用Excel不太娴熟,而我又想给她展现一个高质量的Excel表。我就给自己定下一个目标,在完成日常工作之余,用一周时间学习Excel技巧并完成贵宾台账。每天下班回到学校我会花两个多小时的时间去看 Excel 教材,并进行电脑操作和练习。一个星期之后,我通过自学熟练掌握了 Excel 技巧,然后结合相关的客户资料整合了一个高质量的 Excel 表,便于主管查阅。她看到结果非常满意。"

分析

求职者列举了通过主动学习 Excel 技巧完成了贵宾台账的成功案例。这个事例能够体现求职者具备学习能力,但是如果能再补充一些细节信息会更好,比如制作贵宾台账是否很困难,难在哪里;需要学习哪些 Excel 技能;在学习 Excel 过程中遇到什么困难,如何克服;等等。但总体上,该求职者的回答可以在一定程度上体现自身的学习能力。

六、面试建议:立足长远,脚踏实地

综上所述,面试官通常会更加青睐做事积极主动、有责任感以及执行能力、学习能力出色的求职者。面试的时候,求职者要抓住机会向面试官举例证明自己具备上述特点。因此在校期间求职者对自己要有更高的要求,珍惜学习时间,有自律意识,为成功就业提早做准备。俗话说"罗马不是一天建成的",立足长远,脚踏实地,这是给每一位求职者的建议。

第三节
面试成功与未来职场

一、哪些求职者面试成功概率较高

有两类求职者的面试成功概率比较高。

第一类,他们是老师和同学眼中的尖子生,在专业背景、社会实践、个人特长等方面有明显的竞争优势,他们更容易得到企业的青睐,offer 常常拿到手软。

第二类,他们认识到在竞争激烈的就业市场,若想占据主动,需要提前规划和准备,虽然不是最优秀的那批人,但是他们具备规划能力、执行能力和成熟心态这三个特点,因此面试成功概率也比较高。

⬢ 规划能力:在校期间逐渐明确了未来的职业方向,制定了就业和求职的明确目标和计划。

⬢ 执行能力:在专业课学习、校内外实践过程中提升自身综合素质,一步一步落实求职计划,为既定的求职目标而努力。

⬢ 成熟心态:锻炼并培养积极、乐观、谦逊、合作、务实和坚韧的学习和工作态度。

二、面试成功只是职业启航的开始

放眼未来,面试成功只是职业启航的第一步。

在校期间,衡量学生的标准主要包括学习成绩、获奖情况、荣誉证书等;在职场中,衡量员工的标准是业绩完成情况和客户满意度等。通过面试关的大学生,转变身份成为一名新员工,他们通常会经历三个阶段。

第一阶段,适应新环境。这个阶段通常持续三个月的时间,也就是新员工从试用期转为正式员工的阶段。这个阶段的主要目标是适应新的环境,比如认识身边的领导和同事,熟悉工作流程。因为还处在试用期阶段,他们需要保持谦逊、务实和主动学习的工作态度,以便赢得领导、同事和客户的认可,逐渐树立良好的职业形象。

第二阶段,提升新技能。转正成为正式员工后,入职的第一年,是新员工快速学习专业知识和提升工作技能的黄金时期。在此期间,新员工已经熟悉了身边的工作环境,有可能还会接受比较有挑战性的工作任务。因此他们需要保持积极主动、稳扎稳打的工作态度,快速提升自身的业务能力,逐渐树立自身良好的职业口碑。

第三阶段,实现新目标。入职满一年后,新员工通常会进入职场的"快车道",他们将在各自岗位上逐渐创造价值。在此期间,新员工逐渐成长,能够独立完成比较有挑战性的工作。但是在这个阶段,他们仍然需要再接再厉,不断精进业务能力,需要保持吃苦耐劳的工作态度,同时团结身边同事,为职业发展打下坚实基础。

为什么说面试成功只是职业启航的开始?

工作多年后,回想当初求职时期,一次又一次参加面试,有失败也有成功,多数人会认为那时候的面试经历是非常好的锻炼机会。与参加工作后所面临的种种挑战相比,在面试中所经历的挫折和失败似乎没有那么可怕,甚至有可能不值一提。无论是求职还是工作,好机会一定是留给那些有上进心、有目标感、有执行力、有准备且乐观积极的人!

三、未来职场成功还需要哪些要素

即将离开校园的大学生要认识到,在职场中想要取得成功离不开客观因素和主观因素的双重作用。取得职业成功的客观因素与外界环境和条件相关,比如国家战略、行业前景、企业发展和晋升机会等;取得职业成功的主观因素则是指通过发挥主观能动性为自己创造有利条件,比如具备规划能力、创新能力、执行能力、合作意识等。

以下是企业非常关注的胜任能力,这些能力有助于大学生获得职业成功,见表5-6。

表5-6 企业关注的胜任能力及解释

序号	胜任能力	能力解释
1	责任心	在完成自身"分内"工作的前提下,还能够自觉主动地完成一些"分外"工作,如团队工作或是其他对企业有益的事情。所谓"分外"是指非自己岗位职责范围内的工作任务,做这些事情有可能会付出额外的精力和时间

续表

序号	胜任能力	能力解释
2	沟通能力	主动倾听他人诉求,理解对方的感受、需要和观点,并做出恰当反应或者回应的能力
3	协调能力	在日常工作中妥善处理好上级、同级、下级、外部客户等的各种关系,能够调动各方面积极性完成工作任务或实现目标的能力
4	自我驱动力	自我驱动力简称"自驱力",是积极主动的近义词,是指通过自己的欲望驱使,在没有外界刺激的情况下,自动自发地实现既定目标或者实现自我价值的内驱力
5	团队合作	在工作场景中,对他人表现出信任和尊重,主动地与身边的人(如同事)协同、配合来实现工作目标,并能够恰当地处理与他人的分歧和矛盾
6	执行能力	高效(快速)和精准做事的能力
7	吃苦耐劳	本意是能过困苦的生活,也经得起劳累。职场上"吃苦耐劳"有新的含义,即吃苦耐劳=踏实+专注+主动克服困难的能力
8	学习能力	包括两层含义,一是记忆和理解的能力,二是学以致用的能力。另外,还包括学习方法、学习态度和学习意愿
9	自我认知	自我认知也叫自我意识,是个体对自身存在状况的觉察,包括对自己的行为和心理状态的认知。自我认知是主观自我对客观自我的认识与评价,自我认知也是对自己身心特征的认识,自我认知是在这个基础上对自己做出的某种判断

续表

序号	胜任能力	能力解释
10	工作严谨	是指踏实办事的工作态度。严谨作风强调的是务实和细致,甚至表现出一定程度的完美主义
11	阳光心态	阳光心态是一种积极、宽容、感恩、乐观和自信的心智模式
12	问题分析和解决能力	是指能够运用专业知识和工作经验,采用比较科学的方法,高效和精准地解决特定的工作问题或者工作难题的能力

俗话说:"机会总是留给有准备的人。"当职业机会来临的时候,那些自身综合素质更具优势的人往往能够把握机会,再创佳绩。

第四节
总结经验比黄金珍贵

一、如何看待面试失败

大多数同学都有面试失败的经历,与其说是失败不如说是短暂的失利,这只是求职过程中的小插曲。真正意义的失败是指:惧怕参加面试或害怕被面试官拒绝,主动选择放弃面试机会,或者面试失利后怨天尤人。

导致面试失败的原因既有客观因素也有主观因素。

来自客观方面的因素如下。

- 所应聘的岗位竞争激烈，求职者人数众多。
- 面试官的操作不规范，缺乏公平标准或主观误判。
- 岗位对求职者的能力要求过高，多数人难以企及。
- 企业对岗位设置了特殊条件，如本地户口、专业背景、经验要求、年龄和性别等。

来自主观方面的因素如下。

- 不重视面试前的准备。
- 面试中出现明显失误。
- 缺乏面试经验。
- 心理素质较差。
- 自身条件与岗位要求差距明显。

因为上述种种原因导致自己被面试官淘汰，求职者会产生失望、难过的悲观情绪，也可能会有懊恼、自责的心理状态，这些都可以理解。可以说求职过程是对每一位求职者心态和能力的双重考验。求职者应该以什么样的心态对待面试？

第一，实事求是的心态。求职是一场比拼综合实力的过程，有人成功就会有人失败。越好的工作机会，竞争就越加激烈，如果想获得成功，求职者需要全面考虑，如就业市场环境、行业和企业特点、岗位要求与自身条件契合度等诸多因素。仅参加一次面试就获得成功是小概率事件，绝大多数求职者需要经过多次面试或者多轮面试才能获得比较理想的工作机会。

第二，阳光积极的心态。所谓阳光积极的心态是指身处逆境或者遭遇困难的时候，仍然对未来有乐观的预期，对自己和身边的人怀有善意和信心。具备阳光积极心态的求职者通常会重视身边人（如家长、老师或同学）的建议和批评，甚至对面试官的建议和批评也心怀感恩。他们愿意主动做出改变，不怕失败并充满激情，由内而外地感染身边的人，包括面试官。

在面试现场，有关阳光心态的行为列举如下，供求职者借鉴。

- 表情自然，面带微笑。
- 声音洪亮，自信表达。
- 积极回应，点头致谢。
- 面对批评，开放心态。

第三，越挫越勇的心态。求职过程中，必须保持勇者的心态，即便面临挫折和失败，也不能丢失信心，不惧困难、勇往直前才是强者应有的心态。以下求职者的行为值得推荐。

- 珍惜每一次面试经历，在面试中锻炼自己的心理素质和应变能力。
- 面试失败后第一时间总结经验和教训，认真准备下一次面试。
- 向老师或学长"取经"，借助身边的人脉资源收集面试经验。

二、如何总结失败经验

总结面试经验对于成功求职至关重要。面试失利的时候,求职者应从四个方面进行总结。

第一,因为过于紧张吗?造成心理紧张的原因可能包括以下内容。

- 对自己缺乏自信。
- 面试前准备不充分。
- 面试官的问题比较难。

第二,因为经验不足吗?缺乏面试经验的原因可能包括以下内容。

- 参加面试的次数太少。
- 缺乏回答问题的技巧。
- 对面试规则、流程和场景不熟悉。

第三,因为忽视细节吗?下面这些面试细节容易导致丢分。

- 不符合着装要求。
- 不了解面试礼仪。
- 言行举止不规范。
- 违反面试规则。

第四,因为心态问题吗?面试态度不端正,很容易造成丢分。

- 过于自信,以为自己十拿九稳。
- 轻敌大意,以为自己无所不能。
- 太想获得机会而显得急功近利。
- 对工作抱着可有可无的"躺平"心态。

三、如何提高面试成功率

如何减少面试失败次数、提高面试成功率呢?

面试前,提早准备,做足准备。求职者需要做哪些准备?以下是面试前的准备事项。

- 打印好求职简历。
- 了解企业的情况。
- 了解岗位的要求。
- 掌握常见面试问题的应对技巧,例如,自画像类、绩效预测类、求职动机类、压力面试类等。
- 安排好面试时间,千万不能迟到。

面试中,端正态度,关注细节。求职者需要关注哪些细节?以下是面试中的注意事项。

- 着装规范:根据面试通知里的要求,规范着装,不佩戴华丽饰物。
- 精神饱满:有"精气神",在言行举止中体现出年轻人的朝气,向面试官展示乐观精神与求职热情。

- 听清问题：遵守考场纪律，听清楚面试官的问题，如不清楚要及时确认，抓住问题的考点进行思考。
- 精准回答：避免空谈，多举实例，做到有重点、有条理地表达，回答问题不可超时，切忌答非所问。
- 注意礼节：入场主动问候，双手递交简历，"站如松，坐如钟"，避免小动作，离场时向面试官致谢。
- 避免争执：避免与面试官或其他求职者产生争执，不钻牛角尖，保持谦逊学习的态度，宽容待人。

面试后，汲取经验，不断尝试。按照前面描述的，多方面总结归纳，避免下次再出现同样的问题。